中公新書 2407

寺澤 盾著

英単語の世界

多義語と意味変化から見る

中央公論新社刊

まえがき

　20年近く前、在外研究でイギリスのオックスフォードに滞在していたとき、休みを利用してロンドンに出かけることがありました。ロンドンでは地下鉄を利用することもありましたが、駅のホームに必ずと言ってよいほどチョコレートバー（チョコバー）の自動販売機が置いてあるのに驚いた記憶があります。ビジネスマン風の紳士が自動販売機でチョコバーを買ってホームや地下鉄車内で早速それにかじりついている光景も新鮮でした。ただし、治安上の理由かもしれませんが、最近ロンドンでは公共の場でそうした自動販売機をあまり目にしなくなったという話も聞きます。

　さて、チョコレートバーは英語では chocolate bar または単に bar と言いますが、bar は本来棒状のものを指すので、棒状のチョコレートを表すのにそうした表現が使われています。商品の種類や価格などを示すバーコード（bar code）も太さの異なる多数の棒線からなっています。ほかにコンピュータのメニューバー（menu bar）も長細い棒状の形をしています。一方、同じバーがつく言葉でもスポーツバー（sports bar）はスポーツ中継などを観戦しながらお酒を飲める場所で、ここでは bar は「酒場」を意味します。

　bar という語は「チョコレートバー」を指したり、「バー（酒場）」を意味したりしますが、この2つの意味はほとんど関連が感じられないので、たまたま発音が同じだけで別の言葉かと思っている人もいるのではないでしょうか。

しかし、英語辞典で bar を引いてみると、この2つの意味は同じ見出し語の中に記されています。さらに、bar にはこのほかにもスポーツ、法曹、音楽の分野に関する多岐にわたる意味があることがわかります。

> bar　1a)（酒場などの）カウンター　b) 酒場、バー　2（木・金属の）棒；（棒状・長方形の）かたまり、チョコレートバー　3（門・窓の）かんぬき、横木；桟；（サッカーゴールなどの）クロスバー；（バレエ練習用の）バール　4 障害（物）；柵　5 弁護士業　6（裁判官席と被告席・傍聴席との）仕切り；法廷　7《音》小節、（楽譜の）小節線……
>
> （『ジーニアス英和辞典第5版』、一部変更）

多義性は過去におこった意味変化が集積したものですので、多義語の経てきた道を辿ることで、英単語の多様な意味を繋ぐ糸が見えてきます。bar の語源を調べてみると、この語はフランス語からの外来語で借用当時は「棒状のもの」を意味し、そこから「横木」、「（窓などの）桟」、「かんぬき」を指すようになり、さらに19世紀以降「（サッカーゴールの）クロスバー」、「バール（バレエの練習用の手すり）」、「チョコレートバー」といった新たな意味を獲得したことがわかります。また、棒状のもので土地などを囲うフェンスなどを作ったことから「柵」という意味も発達させます。柵は外から侵入しようとするものにとっては「障害」にもなる一方、2つの領域を分け隔てます。後者から、客側と従業員側を分ける「カウンター」の意味が発達し、酒場にはカウンターがあることが多いので bar は「バー」

まえがき

の意味も担うようになりました。また、同様にbarは「裁判官席・弁護士席と被告席・傍聴席を分ける仕切り」を意味するようになり、さらに「法廷」やそこで職務を行う「弁護士（業）」も指すようになりました。barは17世紀中頃から音楽用語として、楽譜で小節と小節を分け隔てる「小節線」の意味でも用いられています。

　本書では、多義語のさまざまな意味の間の繋がりを語の史的意味変化を辿ることで見ていきたいと思います。そのことによって、一見縁もゆかりもないと思われた異なる意味が結びついていることを知ることは、多くの読者にとっても新鮮な発見になることと思います。

　ところで、語の意味変化はランダムにおこるわけではなく一定のパターンが見られます。barの場合、「棒状のもの」から「横木」、「桟」、「かんぬき」への意味の転用は形の類似性によります。「（サッカーゴールの）クロスバー」や「チョコレートバー」も棒状・横木の形をしています。また「棒状のもの」と「柵」の間には必ずしも類似性は見られませんが、前者は後者の素材となっている点で2つのものは密接な関係にあると言えます。さらに、「柵」と「カウンター」は空間・場所を仕切る機能が共通しています。「カウンター」と「バー」については、前者は後者の一部をなしており、「法廷の仕切り」と「法廷」も同様な関係です。「法廷」と「弁護士（業）」については、法廷は弁護士が活躍する場所ですので両者は密接な関係にあります。

　このように、意味変化は決して無秩序におこるのではなく、ある意味から別の意味に変化するときには、2つのも

のや事柄の間に何らかの連想関係が見られます。第2章と続く第3章では、意味変化がどのようにおこるのかについて詳しく見ていきたいと思います。

意味変化のしくみを知っていれば、過去の意味変化の集積である多義語の異なる意味にも繋がりが見いだせ、そのことは多義語の意味を覚えることにも役立つと思われます。本書では、意味変化に関する知識が多義語の学習において有用であることも示していきたいと思います。

語の意味は時とともに変化していきその結果、1つの語が複数の意味をもつ多義語になることは先に見ましたが、そもそも意味はなぜ変化するのでしょうか。先ほど見たように bar は「チョコレートバー」を意味しますが、チョコレートはもともと飲み物として賞味されていたようです。19世紀になり固形のチョコレートが作られるようになりましたが、こうした新たなものが出現すると人はそれを命名することになります。固形のチョコレートが棒状であったので、当時の人々は形の類似性に注目してそれを bar と呼び、その結果 bar という語が新たな意味として「チョコレートバー」を獲得することになりました。このように、意味変化は新たな事物の登場など社会における変化がきっかけとなっておこることがあります。

一方、bar は「法廷」から「弁護士（業）」へと意味が変化していますが、この変化はなぜおこったのでしょうか。たとえば、She is admitted to the bar. という発話は文字通りには「彼女は法廷に入ることを認められた」ということを意味しますが、法廷に入る資格があるということは法廷で仕事をする職業（たとえば弁護士業）に携わっていると

まえがき

推論できます(日本語でも、「霞ヶ関」や「永田町」がそれぞれ「官僚機構」、「政治組織」を意味するように、職業・組織のある場所がその職業・組織を表すことがあります)。このように意味の変化は、実際のコミュニケーションに関わる人たちの推論が契機となっておこることもあります。第4章では意味変化の原因について、社会に関わる要因、言語使用者に関わる要因、言語そのものに関わる要因の3つを見てみたいと思います。

多義性や意味変化の問題を扱うとき、従来は前置詞、助動詞、接続詞といった機能語に焦点が当てられることはあまりありませんでしたが、最近の言語学ではこうした機能語の多義性や意味変化の問題も考察の射程に入ってきています。たとえば、前置詞の of には the leg of the table のように「所有・所属」を表す意味のほか、I was robbed of my purse.(財布を奪われた)のように「分離・剝奪」の用法も見られますが、一見正反対にも思える両者の意味はどのように関連しているのでしょうか。第5章では、機能語に見られる多義性の問題、とりわけ異なる意味・用法がどのように繋がっているのかを歴史的な観点から考察していきたいと思います。

意味の問題は、語の意味や意味変化だけでなく、ある意味を表すのにどのような語が用いられるかという角度からも考察できます。ある意味領域を歴史的に見てみると、そこでは新規参入した語がすでにあった語を廃用に追いやるなど、語同士の生存競争がしばしば見られます。第6章では、たとえばトイレを表す英語表現を歴史的に辿り、さまざまな表現の栄枯盛衰の様子(意味のエコロジー)につい

v

て見てみたいと思います。

　本書の執筆にあたっては、これまで英語学や言語学を学んだことのない読者の方も想定して、専門用語を導入する際は必ず具体例を添え、わかりやすく説明するように努めました。なお、本文中の引用英文の訳はとくに断りがないかぎり筆者によります。巻末には、本書でふれた専門用語を簡潔に解説した「用語解説」も付してあります。また、英語の意味の問題をより身近に感じてもらえるように、多くの読者の母語である日本語の例にもできるかぎりふれ、日英語の類似と相違も指摘しました。本書を読み進めている際、少し息抜きをしてもらえるように、関連する話題にふれたコラム（Promenade〔プロムナード〕）を随所に設けてあります。さらに英語の意味の問題に関心をもった読者の方のために、巻末に「文献案内」も用意しました。

　それでは、不思議が一杯の英単語の世界をご一緒に探索していきましょう。

目 次

英単語の世界

まえがき　i

第1章
もっとも語義の多い英単語は？ 1
　　—多義語のさまざまな意味—

第2章
a hand of bananas はどんな手？ 19
　　—「似ているもの」で喩える—

第3章
bottle を飲み干す 47
　　—「近くにあるもの」で指し示す—

第4章
quite a few はなぜ「たくさん」？ 67
　　—意味変化の原因—
　　　　Ⅰ　社会に関わる要因
　　　　Ⅱ　言語使用者に関わる要因
　　　　Ⅲ　言語に関わる要因

第5章
you は多義語 105
　　—機能語の多様な意味を繋ぐ—

第6章
トイレを表す語彙の変遷 133
——意味のエコロジー——

終　章
一語一義主義 157
——多義語と英単語学習——

あとがき 169
　文献案内 173
　用語解説 181
　人名・作品名・事項索引 193／　語句索引 197
　Promenade——
　　『オックスフォード英語辞典』 4／ Snow White vs. Cinderella 18／概念メタファー 26／書き手に責任がある言語 33／時間に左右はあるか？ 41／『あんな目はごめんだ』 50／名詞から動詞へ 63／"Google"の語源 69／「愚痴」は仏教用語！ 73／「敬意逓減の法則」 79／『1984年』 87／マラプロピズム 100／『OED 歴史シソーラス』 138

第1章

もっとも語義の多い英単語は？

―多義語のさまざまな意味―

もっとも語義の多い英単語は？

英語辞典で英単語を引いてみると、意味が１つしかない単語はごくまれで多くのものは複数の意味をもっていることがわかります（このことは英語に限らずほかの言語についても当てはまります）。このように１つの単語が２つ以上の意味をもつとき、それを「**多義語**」（polysemous word）と呼びます。

さて、ここでクイズです。英語でもっとも語義の多い単語は何でしょうか。まずは、語義が多そうな英単語として、基本動詞の get, set, take、名詞の eye, hand, thing、前置詞の by, in, of を見てみましょう。手元にあるいくつかの英和辞典でこれらの語の語義数（語義分類番号の総数）を調べてみた結果を表にまとめてあります。『ジーニアス』、『リーダーズ』、『プログレッシブ』はそれぞれ『ジーニアス英和辞典第５版』(2014)、『リーダーズ英和辞典第３版』(2012)、『プログレッシブ英和中辞典第５版』(2012) に依ります。『プログレッシブ英和中辞典』に関しては、比較のため第４版（2002）も参照しています。

表からわかるように、辞書によって語義をどの程度細かく分類するのか違いが見られます。また同じ辞書であっても版によって語義の分類の仕方が大きく異なることがあります。『プログレッシブ』の第４版では、語義を比較的細かく分類していましたが、新たな編者による第５版では、

第 1 章　もっとも語義の多い英単語は?

英和辞典における語義数比較

	『ジーニアス』5版	『リーダーズ』3版	『プログレッシブ』4版	『プログレッシブ』5版
get	21	16	24	6
set	24	13	33	6
take	32	24	45	6
eye	10	7	11	5
hand	15	9	10	4
thing	16	3	10	4
by	11		18	3
in	18	7	18	7
of	15	13	16	7

＊語義を a, b, c などのようにさらに下位区分したものは語義数に数えていない。動詞の語義数は自動詞・他動詞用法の両方を合わせたもの。

　1 語あたりの語義数は大幅に削減されています。たとえば、動詞の take は第 4 版では45義に分類されていましたが、第 5 版では 6 つの語義にまとめられています。第 5 版で語義数が減少しているのは、各項目について中核となる少数の語義を設定し、雑多な語義をそこに下位分類しているためです。『リーダーズ』は『ジーニアス』や『プログレッシブ』（第 4 版）と比べ 1 語あたりの語義数がやや少ないですが、これはおそらくこの辞書がより多くの語数を収録するということに重きをおき、各語の意味記述は比較的簡潔にしているためかと思われます（『リーダーズ』はその別冊『リーダーズプラス』を合わせると収録語数は47万語となります）。このように語義の区分は辞書によって、またときには同じ辞書でも版によって差があるわけですから、「英語でもっとも語義の多い単語は何か」という先ほどの問い

> ### Promenade──『オックスフォード英語辞典』
>
> 英語の最良・最大の辞書と言えば『オックスフォード英語辞典』(*The Oxford English Dictionary*, 略して OED) が挙げられますが、この辞典はある英語の単語が英語で用いられて以来の意味の変遷を詳細に記録しています（OED は本の形では 20 巻で出ていますが、オンライン版もあり大学や公共図書館ではアクセスできるところもあります）。OED で語義の多そうな語を調べてみましょう。たとえば、OED online では動詞の set になんと 126 の異なる語義（a, b, c などの下位分類や動詞句は除く、以下同様）が与えられています。なお、OED はすでに廃れてしまった語義（廃義と言います）も載せていますので、現在使われている意味はこれよりは少ないと思います。しかし、set の 126 の語義はさらに下位区分されていることもありますので、それを数えると語義数はもっと増えることになります。ほかに、動詞の get の語義は 34、take は 72、名詞の eye は 26（複合語除く）、hand は 24（複合語除く）、thing は 17、by（前置詞）は 39、in（前置詞）は 37、of（前置詞）は 60 となっています。

には、「特定の辞書の特定の版において」という限定付きならば回答できますが、一般論としては答えることは難しいかと思います。ここでは 1 つの語が多くの語義をもちうるのだということを感じていただければ十分です。

異なる語義を繋ぐ糸

それでは、多義語がどのような多様な意味をもっているか、具体例で見てみましょう。英語の hand という語を辞書で調べてみると「手」という意味のほかにさまざまな意

第1章 もっとも語義の多い英単語は?

味があることがわかります。

> hand 1手 2手助け 3所有、管理 4（時計の）針 5人手、労働者 6持ち札 7筆跡 8拍手 9バナナの房 10 ［サッカー］ハンド（hands）……
> （『ジーニアス英和辞典第5版』、一部変更）

　handの場合は、いずれの意味も何かしら「手」と関連があり、異なる意味のあいだの繋がりは比較的容易に見てとれます。たとえば、何かを「所有・管理」することは本来「手」に持っていることから派生してくるものです。「手助け」するときは、しばしば「手」を差し伸べますし、「労働者」は「手」を使って働きます。「持ち札」はトランプゲームなどで「手」に持っているもの、「筆跡」は「手」で文字を書く際できるもの、「拍手」は「手」で叩き、「ハンド」はボールを「手」で触れる反則です。

　また、「時計の針」は「手」と同様に「何かを指し示すという機能」をもっています。「バナナの房」は「手」と形が類似しています。

しかし、1つの単語の複数の意味の関連が必ずしもすぐに見えてこない場合もあります。trunk という語について見てみましょう。

trunk　1（木の）幹　2（自動車の）荷物入れ、トランク　3（ゾウの）鼻　4（競技・水泳用の男子の）パンツ、トランクス　5（旅行用の）大かばん、トランク　6（身体の）胴　……
（『ジーニアス英和辞典第5版』、一部変更）

trunk のように異なる語義の繋がりが必ずしも明確でない場合でも、一般の辞書では、複数の語義が羅列されているだけです。このように、多くの場合異なる語義がどのように意味的に繋がっているのか詳述されていないので、英語学習者は個々の意味をひとつひとつバラバラに（そして苦痛をもって）覚えていかなければなりません。

trunk の多様な意味はどのように関連しているのでしょうか。また trunk のいわゆる基本義（中心義）はどの意味でしょうか。こうした問いに答えるためには、trunk という語の歴史（語源）を調べてみることが必要です。語源を調べるには『英語語源辞典』（巻末の「文献案内」参照）やコラムでふれた『オックスフォード英語辞典』が有用です。これらの辞書にある情報をわかりやすくまとめてみると以下のようになります。

trunk　1（?1440）木の幹　†2（c1450）-（1726）（木の幹から作られた）収納箱　3（1494）胴体　†4（1546）-（1704）管　5（c1565）ゾウの鼻　6（1583）トランクス、半ズボン　7（1609）

第1章　もっとも語義の多い英単語は?

（旅行用）トランク　**8**（1929）（自動車の）トランク　◆ME trunke, tron(c)ke ← OF trone < L truncum（原義：枝を取り除いた木の幹）

> 注：語義を分類する数字の直後にある数字は、その意味が英語文献に初めて現れた年代を示す。年代の前についている *c* はラテン語の circa（頃）の略で、たとえば *c*1565は「1565年頃」を意味する。語義番号の前にダガー（†）がついているものは、その意味は現在では廃義であることを意味する。ME は Middle English（中英語；1100-1500年頃の英語）、OF は Old French（古フランス語；800-1300年頃のフランス語）、L は Latin（ラテン語）の略。

　trunk の語源記述によれば、この語は中英語期にフランス語から借用され、英語に最初に現れたのが15世紀前半ということがわかります。英語での初出の意味は「木の幹」で、そこからさまざまな意味が派生したと考えられます。「木の幹」は木全体の中核をなしていますが、「（人の）胴体」も同様に体全体の中心であるので、前者から後者への意味の転用がおこったと想像できます。trunk は16世紀から18世紀初めにかけて「管」という意味で用いられましたが、これは木の幹をくりぬいた形状に由来すると考えられます。この「管」という意味を介して、中が空洞になっている「ゾウの鼻」という意味が派生しました。「トランクス（水泳・ボクシングなどで用いる半ズボン状の運動着）」の由来については、おそらく形状が太い木の幹に似ている、あるいはトランクスが中空になっていることから「トランクス」という意味が生じたと考えられます。

　一方、日本人にとっておそらくもっとも馴染みのある

「(旅行用や車の) トランク」という意味は、「木の幹」とどのように繋がっているのでしょうか。trunk の意味で「木の幹」の次に生じた「(木の幹から作られた) 収納箱」に注目してください。この意味は現在では廃義となっていますが、昔、木の幹を削って作った箱を「荷物入れ」として使っていたことに由来します。この「収納箱」の意味から「(旅行用の) 荷物入れ、トランク」の意味が生じ、さらに同じ収納の機能をもつ「(自動車の) トランク」に転用されました。

　さて、trunk は「(乗用車の) トランク」を意味しますが、これはアメリカ語法です。イギリス英語では「(自動車の) トランク」のことを boot と言います。boot という語で普通私たちがすぐに思い浮かべる意味は「(履物としての) ブーツ」ですが、この意味は「(自動車の) トランク」とどのような意味の関連があるのでしょうか。

　boot という語を辞書で調べてみるとこの語も多くの意味をもち、またそれぞれの意味の関連が必ずしも明白ではないことがわかります。

boot　1 長靴、ブーツ　2《英》(自動車の) トランク　3 キック、強くけること　4 くび切り、解雇　5《米》(駐車違反車などを動けなくする) 車輪固定具　6 (コンピュータの) 起動、立ち上げ　7 (訓練段階にある) 新兵
(『ジーニアス英和辞典第5版』、一部変更)

　まずは、「ブーツ」という意味と「(自動車の) トランク」以外の意味がどのように関連するのか見てみましょう。

第 1 章　もっとも語義の多い英単語は?

「キック」は、ブーツを履く足で蹴ることから、また人を蹴り出すことから「解雇」の意味が生まれたと考えられます。「車輪固定具」はブーツのように車のタイヤ（足）に付けるものです。

　bootはコンピュータ用語としても用いられ、「（コンピュータの）起動・立ち上げ）」を意味します。これはbootstrapの短縮形で、長靴の口に付いているつまみ革（履く時にブーツを引っ張り上げるためのもの）です。「長靴を履くときに手助けをしてくれるもの」から「コンピュータの起動を補助してくれるもの」の意味が派生しました。最後に、「新兵」の意味は、boot-camp（新兵訓練施設）という複合語にも見られます。bootと新兵との繋がりに関しては、一説では米兵の履いた長靴に由来するとも言われますがはっきりしません。

　ところで、「（自動車の）トランク」という意味はどのように「ブーツ」と関連するのでしょうか。このことを議論するには、bootの語源の知識が必要となります。

boot　1［c1200］(c1300) 長靴、ブーツ　†2 (1608)-(1816)（馬車の外側に取り付けられた）ステップ、御者台　3 (1781)（馬車の）荷物入れ　4 (1888) 解雇　5 (1915) 新兵　6 (1933)（自動車の）トランク　7 (1984) ブート（コンピュータの起動・立ち上げ）　　◆ME bote ← ON bóti // OF bote

(『英語語源辞典』と OED に基づく)

　boot は、古ノルド語（Old Norse［ON］：8-14世紀に北欧で使われていた言語）または古フランス語（OF）から中英語期（ME）に借用され、今は廃義になっている「馬車の御者台」という意味があったことがわかります。御者は足の保護のためにブーツを履いていたため、ブーツを履いた御者が乗る場所（御者台）が boot と呼ばれるようになったのかもしれません。そして御者台の下に荷物入れがあったため、boot に「御者台下の荷物入れ」の意味が生じ、そこから同じく荷物を収納する「（自動車の）トランク」へ転じたのです。

期待と不安
　多義語の中には、正反対の意味をもつものもあります。以下の2つの文を比較してみましょう。

　She is *anxious* about the results of her son's exam.
　彼女は息子の試験の結果を心配している。

　She is very *anxious* for her son to succeed.
　彼女は息子が成功するように切に望んでいる。

　anxious という形容詞は、最初の文では「不安」を、2番目の文では「期待」を示し、一見すると正反対の感情を表しています。「不安」と「期待」はどのように結びつくのでしょうか。

第1章　もっとも語義の多い英単語は?

　たとえば、入学試験を受けて合格発表を待っているときの心境を想像して（あるいは思い出して）みてください。合格したときの楽しい学校生活への期待と、不合格だったらどうしようという不安が混じった気持ちにならないでしょうか。このように、「期待」と「不安」といった相反する感情は、私たちの心のなかではしばしば共存するものなのです。この2つの感情は近しい関係にあるため、一方から他方へ意味変化したと考えられます。

　anxious という語の歴史を調べてみると、この語はラテン語からの借用で英語文献に初めて現れるのは1616年です。当初は「心配な」という意味で用いられていたことがわかります（ラテン語でもこの意味で用いられていました）。それから1世紀以上がたった1742年の文献に、初めて「切望して」という意味で使用された用例が現れます。なお、名詞の anxiety においても「心配、不安」（1525年頃初出）が「切望」（1769年初出）に先行しています。

　次に以下の2つの文を比較してみましょう。

The stars were *out*.
星が現れた。

The lights were *out*.
明かりが消えた。

　out は最初の文では「何かが現れたこと」を意味しますが、2つ目の文では「何かが消えたこと」を示します。out のもつこの正反対の意味はどのように折り合いがつく

のでしょうか。

　out は「外に」を意味しますが、The stars were out. では星が空の闇の中から外へ出て話者の視野のほうへ入って来る感じです。

　一方、The lights were out. では光が話者のいる空間から外へ出てしまい真っ暗になったという意味です。

　1つの語が相反する意味で使われている例をもうひとつ見ておきましょう。

a *fast* ship（高速船）

a ship stuck *fast* on the rocks（暗礁に乗り上げて動きのとれない船）

　fast という形容詞は a fast ship では速い動作を表していますが、a ship stuck fast on the rocks では停止している状態を示しています。fast の語源を調べると、後者の意味か

第1章　もっとも語義の多い英単語は?

ら前者の意味が生じたことがわかります。つまり、この語の原義は「固い、固定して動かない」であり、そこから「速度が一定して落ちない」、「速度が速い」という意味が派生しました。ちなみに、fast は次から次へと素早く異性を渡り歩くような生活態度にも転用されて、たとえば a fast life（荒んだ生活）、a fast liver（プレイボーイ、遊び人）のように、「放埒な」の意味も発達させています。

多義語と同音異義語

　これまで、英語の多義語について、とくに異なる意味の間の関連がすぐに見えにくいものを中心に見てきました。ところで、多義語と似たものとして「**同音異義語**」（homonym）について少し見ていきたいと思います。

　まずは、Tシャツのロゴに注目してご覧ください。

　Tシャツの文言（I'm a huge metal fan.）は「しゃれ」（pun）になっていますがおわかりでしょうか。実は、これは fan のもつ二重の意味を用いたジョークになっています。fan には、「ファン、熱心な愛好者」という意味のほかに、「扇風機」という意味もあります。このロゴの意味は「僕はヘビーメタル［激しいロックミュージック］の大ファンだ」ととれますが、ロゴに挟まれた扇風機の絵を見ると「僕は巨大な金属製の扇風機です」という別の意味にも解せます。

　さて、英語辞典で fan の項

目を見てみると以下のようになっていることが多いかと思います。

fan¹　1　扇　　2　扇風機　……
fan²　（娯楽・スポーツなどの）ファン

　つまり、fan は「扇」、「扇風機」、「ファン」という異なる意味をもつ多義語ではなく、2つの fan がたまたま発音・綴りが同じである同音異義語として扱われています。実際2つの語の語源を調べてみると、fan¹ は古英語（450年頃から1100年頃）以来英語にある語で原義は「（穀物を吹き分ける）箕（み）」で、「扇風機」の意味は19世紀初めからです。一方、fan² はフランス語から借用された fanatic（熱狂的な）の略形で19世紀末初出です。このことから2つの fan の間に語源的な繋がりがないことがわかります。
　次に、pupil を辞書で引いてみてください。多くの辞書では、以下のようになっていて、「生徒」の意味の pupil は「瞳」の意味の pupil と同音異義語であると見なしています。

pupil¹　生徒、児童
pupil²　瞳

　ところが語源を調べてみるとこれらの語は、同じ古フランス語・ラテン語からの借用で、もともとは「孤児、小さな子ども」を意味し、（子どものような）小さな像が瞳に映ることから「瞳」の意味に転用されたことがわかります。

第1章　もっとも語義の多い英単語は?

したがって、語源的にみると2つの異なる意味をもつ pupil は多義語であることになります。しかし、現代英語話者の頭の中では、大きくかけ離れた2つの pupil の意味は結びつきにくいので、多くの辞書では別語（同音異義語）として扱われているのです。

語の多義性はどうして生じるのか

語が複数の意味をもつのは、もともとの意味から時代を経るにしたがいさまざまな意味を発達させていったためです。したがって、語の多義性は、過去の意味変化がいわば堆積したものであると言えます。そして次々に新たな意味を発達させた結果、一見するとあまり関連がないような2つの意味、時には相矛盾するような意味をもち合わせることになるのです。

語の多義性は、たしかに過去の意味変化の集積という側面はありますが、一方で、日々のコミュニケーションの場

boot の（主な）意味の繋がり

ダガー〔†〕がついているものは、その意味は現在では廃義であることを示す。数字はその語義の初出年代。

面でしばしば多義性は生じています。ただし、私たちはそのことに気づかずにいることが多いようです。

 Mozart was born in Salzburg.
 モーツァルトはザルツブルクで生まれました。

 They played lots of Mozart.
 彼らはモーツァルトをたくさん弾いた。

 I put some Mozart on the stereo.
 モーツァルトをステレオで聴いた。

　3つの文のMozartという語の意味は同じでしょうか。日本語訳ではあえて「モーツァルト」という同じ語を当てておきましたが、実はMozartはそれぞれ微妙に異なった意味で用いられています。最初の文では、Mozartは「作曲家モーツァルト」のことを意味し、2つ目の文では「モーツァルトの作った曲」、最後の文では「モーツァルトの曲の入ったレコード」の意味です。私たちは、あまり意識することなく、こうした多義性を日常的に処理していると言えます。ただし「モーツァルトの作った曲」、「モーツァルトの曲の入ったレコード」などの意味は慣習化されていないので、多くの英語辞典ではMozartの意味としては記載されていません。このような日常的な意味変化を史的なものと区別して意味の拡張と呼ぶこともありますが、本書では、意味変化という用語を両者に用いていきます。

第1章 もっとも語義の多い英単語は?

似ているものと近くにあるもの

一般にある語の意味が変化する場合、もとの意味からでたらめに新たな意味が出てくるのではなく、両者の間には何らかの繋がりがあります。たとえば、多義語の最初の例としてみた英語のhandが、将来「時計の文字盤」や「鍋の底」を表すようになるとは考えにくいでしょう。

ここでもう一度、handという語の意味を考えてみましょう。handの原義は「手」ですが、そこから「バナナの房」や「筆跡」という意味を派生させています。すでに見たように、「手」から「バナナの房」への転用は、後者を形が似ている「手」で喩えることからおこったことがわかります。一方、「手」から「筆跡」への意味の変化は、こうした類似に基づいているとは考えられません。一般に、私たちが文字を書き綴るとき、「手」と「筆跡」とは空間的に近接しているので、後者を指し示すのに近くにある「手」を用いたと言えます。

このようにもとの意味(原義)とそこから派生した意味(転義)との間には普通何らかの連想関係があり、そうした連想関係は、「手」と「バナナの房」の場合のように「**類似性**」(similarity)に基づく場合と、「手」と「筆跡」のように「**近接性**」(contiguity)に基づいていることが多いと言えます。

続く2つの章では、多義語における異なる意味がどのように関連しているのかについて、類似性(第2章)と近接性(第3章)に基づく意味変化にふれつつ説明していきたいと思います。

Promenade──Snow White vs. Cinderella

　Snow White（白雪姫）と Cinderella（シンデレラ）は童話に登場するお姫さまとして多くの人に馴染みがあるかと思いますが、その命名法は異なっています。Snow White は、その名をもつ女性が白い雪のような美しい肌をしているので、類似性に基づく命名です。一方、Cinderella という名は cinder（灰）に関連があり、-ella は指小辞なので原義は「灰ちゃん」です（シンデレラは別名「灰かぶり（姫）」と呼ばれることもあります）。最初惨めな境遇におかれていたシンデレラは、暖炉の近く灰が舞うような粗末なところで寝起きをしていたためにこう命名されました。この命名法は近接性に基づくと言えます。

　ところで、意地悪な継母や連れ子による虐待、華麗な変身、舞踏会での王子との出会い、12 時の鐘やガラスの靴、そして王子との再会と結婚という『シンデレラ』は世界各地でよく似た話が見られます。もっとも古い類話は 9 世紀の中国のものと言われていますが、実は日本にも似た民話があります。これは『米福粟福(こめぶくあわぶく)』と呼ばれる話です。祭りに出かけてしまった継母とその実子の粟福の留守番を言いつけられた米福は、山姥(やまんば)のくれた打ち出の小槌できれいな着物を出し、それを着て祭りに出かけます。何日か後、殿様の使いが来て、米福を殿様の嫁にもらいたいと伝えますが、継母は殿様が見初めたのは自分の娘の粟福に違いないと言い張ります。そこで、使いの者は二人に和歌を作るように言うと、粟福の歌はお粗末であったが、米福は立派な歌を作ったため、米福が殿様のところに連れて行かれ、めでたく結婚したというお話です。

第2章
❖
a hand of bananas はどんな手？
―「似ているもの」で喩える―

眠っているメタファー

　前章で見たように、もともと「手」を指す語であった hand は、「バナナの房」という意味も派生させていますが、「手」から「バナナの房」への転用は両者の形状の類似に基づいていることは明らかです。こうした意味の転用は、「手」で「バナナの房」を喩えているという点で「隠喩(いんゆ)」または「メタファー」(metaphor)と呼ぶことができます。

　メタファーというと、一般には詩の言葉に見られる技法であると考えられていることが多いのではないでしょうか。たとえば、ウィリアム・シェイクスピア(William Shakespeare, 1564-1616)の『ロミオとジュリエット』(*Romeo and Juliet*)では、朝が来てジュリエットとの別れを惜しむロミオが次のように語っています。

　Night's candles are burnt out, and jocund day
　Stands tiptoe on the misty mountain tops. (3.5.9-10)
　夜のロウソクが燃えつきて、陽気な日の光が
　あの霧のかかった山の頂でつま先立ちしている。

　night's candles（夜のロウソク）という表現は、夜空を照らす「星々」の喩えとして用いられています。また、day はここでは「日の光」を意味しますが、jocund（陽気な）という形容詞や stand tiptoe（つま先立ちする）とあるので、

第2章 a hand of bananas はどんな手?

「人間」に喩えられていることがわかります。

しかし、メタファーは詩の言葉に限られる現象ではありません。日常の語彙をよく見てみると、foot of a mountain（山の足→山のふもと）、He's very dim.（[彼は]薄暗い→間抜けだ）、to grasp the concept（[その概念を]つかむ→理解する）など、ある物事を別の物事に喩えるメタファーが遍在していることがわかります。こうした隠喩表現はもはやメタファーと意識されないで用いられているので、「死んだメタファー」（dead metaphor）とも呼ばれます。ただ日常的な隠喩については、指摘されればそれがメタファーであることに多くの人は気づくでしょうから、「死んだメタファー」と呼ぶよりは「眠っているメタファー」（sleeping or dormant metaphor）と呼ぶほうがよりふさわしいかもしれません。いずれにしても日常語にメタファーがありふれているということは、私たちが物事を認知するときにメタファーが欠かせないものであることも示していると言えます。

さて、hand（バナナの房）は形状の類似に基づくメタファーですが、意味の転用は形状以外の類似によってもおこります。第1章で見たように、hand は「時計の針」の意味でも用いられますが、この場合「指し示す」という機能の類似が「手」から「時計の針」への転用のきっかけになっていると考えられます。

head「頭」は「ページの上部」という意味をもちますが、両者は（身体やページの）上方にあるという相対的位置関係が類似しています。

stone「石」は「果物などの硬い種」の意味でも用いられますが、この意味の転用は「石」と「種」の間に見られ

る「硬さ」という性質の類似に基づいています。

　意味の転用が2つ以上の類似性に基づいておこる場合もあります。ear「耳」には、「水差しの把手」の意味もありますが、この場合、形状と位置関係（端についている）に関する類似が見られます。

擬人法的メタファー

　hand, head, ear など人間の身体部分を表す語が、さまざまな意味を発達させ多義的であることは見ました。このことからもわかるように、類似性に基づいて意味変化がおこる場合、人間（とくに人間の身体部分）が人以外のものに転用されることが非常に多く見られます。このような意味の転用は、ものを人間（の一部）に喩えているので「**擬人法的メタファー**」（anthropomorphic metaphor）と呼ばれます。英語の擬人法的メタファーのほかの用例を（日本語訳にも注意しながら）見てみましょう。また、それぞれの語でも

第2章 a hand of bananas はどんな手?

との意味（原義）とそこから比喩的に転用された意味（転義）の間にどのような類似性があるかも考えてみてください。

（人間の）身体部分がほかの意味に転用されることは、英語だけでなく日本語（そしておそらくすべての言語）にも見られる傾向です。これは、人間がもっとも身近な自分の身体になぞらえて外界のものを理解していこうとする営みの現れと言えます。なお、英語でも日本語でも、船・飛行機

身体部分を表す英語	原 義	転 義
eye	目	じゃがいもの芽、針の穴、台風の目、蝶の眼状の斑点、花の中心、かぎホック（hooks and eyes）、船のへさき
nose	鼻	筒などの穴、銃口、船首、機首、自動車の前部、弾頭（war nose）
ear	耳	茶わん・水差しの把っ手、新聞の端にある天気予報・広告などの囲み記事、本のページの隅の折れ（dog-ear）
mouth	口	出入口、銃・砲口、河口
lips	唇	水差しの注ぎ口、噴火口のへり、皿のへり
head	頭	部長、ページの上部、ネジ・釘の頭、列の先頭、船首、花頭、ビールの泡、山頂、階段の頂上、コインの表、テーブルの上座、統語構造の主要部、矢尻、弾頭（war head）
face	顔	山の前面、ビルの正面、時計の文字盤、コインの表、壁面、ナイフの刃面
neck	首	ビン・弦楽器・ゴルフクラブの首、岬
shoulder	肩	山の肩、ビンの肩、路肩
arm	腕	木の大枝、河口
foot	脚	ページの下部、山のふもと、梯子・階段の最下部、テーブルの脚

23

の前方部分に関して、nose（船首、機首）のように比喩が用いられますが、この場合は人間ではなく動物をモデルにしていると考えたほうがよいでしょう。（直立した）人間では「鼻」や「首」は身体の前方にあるとは言えません。

　さて、英語と日本語の擬人法的メタファーを比較してみると、いくつかの興味深い違いが見られます。たとえば、「矢の先端の突き刺さる部分」は英語では arrowhead と言い「頭」に喩えていますが、対照的に日本語では「矢尻」のように「尻」と見なしています。また、「河が海などに流れ込む部分」を日本語では「河口」と言いますが、英語では an arm of the sea（海の腕）と表現します。

　また、「目」に関するメタファーは、英語より日本語のほうが広く用いられるようです。日本語の「目」は、「碁盤の目」（a cross）、「編み目」（a stitch）、「畳の目」（the grain of a tatami [mat]）、「目盛り」（the division [of a scale]）など規則的に並んだ線やすき間なども表しますが、それぞれの英訳からわかるように、英語ではこうした場合 eye を用いていません。英語の eye は円形のものに限られているようです。

　意味の転用は、「人間」から「人間以外」の方向が普通ですが、逆の方向の転用も比較的まれですが見られます。人間以外のものが人間に転用されることは「**擬物化**」（objectification）と呼ばれます。

　peanut（ピーナツ→つまらない人）
　lemon（レモン→魅力のない女性）

これらの例からうかがえるように、「人間」を「人間以外のもの」に喩えると、いずれも否定的なニュアンスが伴うようです。日本語でも、かつて定年後の夫が「粗大ゴミ」（家にいても役に立たず無用の長物）、「濡れ落ち葉」（とくに何もすることがなく妻にまとわりついてくる邪魔な存在）と呼ばれたりしました。それほど遠くない先に定年を迎える身としては身につまされます。

ただし、She is a walking dictionary.（彼女は生き字引だ）や He's high res.（彼は有能だ：res は resolution［コンピュータモニターの解像度］の省略形）では人間がものに喩えられていますが、ここではネガティヴな響きはありません。辞書やコンピュータは人間の（特定の能力の）いわば拡張とも言えますので、こうした例は厳密な意味では擬物化と言えないかもしれません。

理解することは食べること

人間（の身体部分）から人間以外のものへのメタファーと並んで広く見られるのが、具体的なものから抽象的なものへの隠喩的転用です。たとえば、英語で「理解する」という抽象的概念を表す際、より具体的な「つかむ」という概念を用いて喩えることが行われます。以下の文では、「つかむ」を表す動詞句（grasp, get a hold of）が「理解する」の意味で用いられています。

He *grasped* her meaning clearly.
彼は彼女のいう意味をはっきり理解した。

I cannot seem to *get a hold of the meaning* of the dream.
私にはその夢の意味がわからないようです。

また、comprehend（理解する）という動詞はフランス語またはラテン語から借用されたものですが、語の後半部分である -prehend はラテン語の prehendere（つかむ）に由来します。面白いことにこうした転用は日本語の「把握する」、「(要点を) つかむ」などにも見られます。
「理解する」という概念は、しばしば比喩的に「食べる」ことに関わる語によっても表されます。

Promenade──概念メタファー

つかむことや食することに関連する語彙がしばしば「理解する」という意味に転用されている例を見ましたが、認知意味論の創始者の一人であるジョージ・レイコフ（George Lakoff, 1941 –）は、こうしたメタファーは言語だけの問題ではなく、われわれの思考過程や概念体系自体も本質的にメタファーで成り立っていると主張しています。つまり、われわれは「理解する」という抽象的な概念を理解するために、より具体的で身近な「つかむ」や「食べる」という概念に喩えているのです。grasp（理解する）や digest（理解する）はそれぞれ「理解することはつかむこと（UNDERSTANDING IS GRASPING）」、「理解することは食べること（UNDERSTANDING IS EATING）」という「**概念メタファー**」（conceptual metaphor）が言語化されたものなのです。レイコフは、概念メタファーのほかの例として、「議論は戦争（ARGUMENT

第 2 章　a hand of bananas はどんな手?

Leonora *digested* this piece of news with mixed feelings.
レオノーラはこの知らせを複雑な心持ちで咀嚼(そしゃく)した。

Some books are to be *tasted*, others to be *swallowed*, and some are to be *chewed* and *digested*.
味わうべき本もあれば一気に呑み込むべき本もあり、咀嚼し消化すべき本もある。

　2つ目の文はフランシス・ベーコン（Francis Bacon, 1561-1626）の有名な言葉ですが、taste（味わう）、swallow（飲み込む）、chew（噛む）、digest（消化する）といった食

IS WAR)」、「時は金なり（TIME IS MONEY)」などを挙げています。また、後ほど述べるコミュニケーションに関する英語表現に広く見られる「導管メタファー」（conduit metaphor）も概念メタファーと言えます。
　概念メタファーは、抽象的な概念をより具体的なものに喩えることによって、物事を認知・理解するのを容易にさせているという側面がある一方、われわれの思考・行動様式に影響を与える可能性もあります。たとえば、「議論は戦争」という概念メタファーは、英語では The president *attacked* his *opponent's* statement.（大統領は、論敵の発言を攻撃した）、She has *won* the argument with him.（彼女は彼に議論で勝った）、He *defended* his claim successfully.（彼は自分の主張をうまく擁護した）など広く見られますが、こうした概念メタファーによって議論をしている相手方を敵と見なすと、かりに相手方の議論に正当な主張があった場合でも譲歩・妥協することが難しくなるかもしれません。

事に関連する動詞が異なる理解度を表しています。また、英語では food for thought（思考の糧、考える材料）という表現がありますが、これも「考え」を「咀嚼する食べ物」と見なしている点で類似したメタファーと言ってよいかもしれません。

　日本語でも「名文を咀嚼して味わう」、「呑み込みが早い（＝理解が早い）」、「理論をよく消化しないままに振り回す」、「大学時代哲学をかじった」などといった表現があることから、「理解する」を喩えるのに食事関連の語彙が使われます。

　また、何かに納得できないとき「腑に落ちない」と言いますが、「腑」は本来「はらわた、胃腸」を意味しますので、「消化する（＝理解する）」などのメタファーと相通じるところがあります。

　認識を表す動詞は、このほか「知覚」を示す動詞からも発達しやすいようです。たとえば、see（見る）は「理解する」という意味でも用いられます。

　I don't think he *saw* the point of the lecture.
　彼はその講義の要点がわかっていなかったと思う。

　視覚以外の知覚を表す語も認識用法に転用されることがあります。

　I *feel* she is well qualified.
　私は彼女には十分資格があると感じる。

第 2 章　a hand of bananas はどんな手?

They had *tasted* freedom only to lose it again.
彼らは自由を味わったが、またそれを失うことになった。

She *smelled* danger.
彼女は危険を察知した。

　日本語でも、これらの邦訳に見られるように視覚以外の知覚表現が認識の意味で用いられることがありますが、「見解」、「見識」、「知見」、「意見」、「偏見」など視覚に関する表現が「認識・理解」と結びつく傾向が強いようです。「百聞は一見に如かず」ということです。
　さて、一般に暗いところよりも明るいところのほうがものはよく見えますが、「視覚」と「認識・理解」が結びついているとすると、明るいほうが識別・認識力は増すことになります。実際、英語では「理解力・知性」について語るとき、しばしば「光・明るさ」の比喩が使われます。

She always acts by her own *lights*.
彼女はいつも知識・見識に応じて行動します。

We were greatly *enlightened* by the lecture.
私たちはその講義におおいに啓発された。

He is quite *brilliant*.
彼は大変聡明です。

いずれの例においても、本来明るさを表す light（光）、enlighten（照らす）、brilliant（キラキラ輝く）が「理解力・知性」の高さを表しています。

一方、「理解力・知性の不足」は「光量の不足」や「暗さ」によって比喩的に表されます。次の例では、「ほの暗い」を意味する dim や「暗さ」を表す dark が「知性の欠如」や「無知」と結びついています。

He's very *dim*.
彼はとても間抜けだ。

He was kept in the *dark* about the plans.
彼はその計画について何も知らされずにいた。

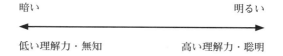

暗い	明るい
低い理解力・無知	高い理解力・聡明

言葉は意味を入れる容器

具体から抽象への比喩的転用の別の例として、言語コミュニケーションに関する表現を見てみましょう。英語の put という動詞は、第一義的には、put a wallet in the pocket / on the table（ポケットに財布を入れる／テーブルの上に置く）のように「何かの中にものを入れる；何かの上にものを置く」という意味で用いられますが、次のように「言葉で表現する、言う」を意味することもあります。

第 2 章　a hand of bananas はどんな手?

To *put* it simply, we accept their offer or go bankrupt.
簡潔に言えば、彼らの申し出を受け入れるか破産するかのどちらかだ。

We cannot possibly *put* our thanks into words.
私たちの感謝の気持ちをとうてい言葉にできない。

　英語母語話者でない者にとっては、こうした put の使い方は少々とっつきにくいかもしれません。実は、「入れる」から「言う」への意味の転用は、2番目の例に見られるように「言葉で表現する」とは「考え・意味を容器である言葉・語の中に入れる」という発想に基づいているのです。以下の英語表現にも、言葉という容器の中に意味を「含める」(contain)、「詰め込む」(cram) といったメタファーが見られます。

The word *contains* a double meaning.
その語には2つの意味があります。

The haiku tries to *cram* a lot of meaning into a very limited form.
俳句は非常に限られた言語形式に多くの意味を詰め込もうとする。

　コミュニケーションに関する英語表現をさらに詳しく見てみると、話し手（書き手）によって伝えたい意味が言葉の容器に入れられた後、その容器は聞き手（読み手）に「届けられ」(convey)、聞き手（読み手）はそれを容器から「取り出して」(extract) 意味を理解するといったイメージ

が読みとれます。こうした英語に見られるコミュニケーションの捉え方は「導管メタファー」と呼ばれます。

It is difficult for people to *convey* meaning to each other through communication.
コミュニケーションによって意味を相手に伝えるのは難しい。

I failed to *extract* much meaning from what he said.
彼の発言がどういう意味なのかわからなかった。

ところで日本語に目を転じてみると、液体に関わる語がしばしばコミュニケーションに関する意味を発達させていることがわかります。

第2章 a hand of bananas はどんな手?

本音を漏らす
愚痴をこぼす

> ### Promenade──書き手に責任がある言語
>
> 　導管メタファーでは、コミュニケーションで伝えられるメッセージ（意味）は送り手（話し手、書き手）が言葉という容器の中に収めて相手方に送り、受け手（聞き手、読み手）は容器からそれを取り出すということになります。このモデルによると、受け手はただ受動的にメッセージを受け取るだけです。しかし、実際のコミュニケーションでは、第4章で詳しく見るように、受け手は送り手の言葉の意味について推論などを働かせながら主体的に解釈しています。この点では、導管メタファーは正しいコミュニケーションの姿を示しているとは言えません。
>
> 　アメリカの言語学者ジョン・ハインズ（John Hinds, 1943-94）は、日本語と英語の文章を比較して、日本語を「読み手に責任がある言語」（reader-responsible language）、英語を「書き手に責任がある言語」（writer-responsible language）と分類しています。たとえば、日本語のような「読み手に責任がある言語」では、読み手は表現が少々曖昧であったとしても書き手の意図をそこから汲み取るよう努力しなければなりません。それに対して英語のような「書き手に責任がある言語」では、書き手は曖昧な表現や誤解を招くような表現を避けなければなりません。
>
> 　導管メタファーでは、コミュニケーションで伝えられるメッセージ（意味）は全面的に送り手の責任のもとにあるわけですから、ある意味でこのメタファーは英語が「書き手に責任がある言語」であることを反映しているとも言えます。

デマを流す
言いよどむ
外来語が氾濫している
悪口を浴びせる
こぼれ話
言葉があふれ出る
悪口を垂れる

「漏らす」、「こぼす」、「浴びる」、「垂れる」などの動詞はいずれも通常「液体」を表す語と結びついています。また、「さらさら」、「ぽつり」など液体を形容する擬態語もしばしば言語活動に対して用いられます。

さらさら答える（←小川がさらさら流れる）
ぽつりと言う（←雨粒がぽつりと落ちてきた）
文句たらたら（←汗がたらたら流れる）
とうとうとまくしたてる（←大河がとうとうと流れる）

英語では、言葉を（意味の入った）「容器」として捉えているのに対して、日本語では、言葉を「液体」として捉えていると言えます。ただし、英語でも flow（流れ）、pour（注ぐ、浴びせる）、leak（漏らす）など「液体」に関連する語がコミュニケーションに関する意味に転用されることもあります。

She has interrupted my *flow*.
彼女はぼくの話の流れを遮った。

She *poured* out her troubles to her husband.
彼女は自分の悩みを夫に吐露した。

The contents of the document were *leaked* to the press.
書類の内容が報道機関に漏れた。

一方、以下の日本語の例文では、伝えたいメッセージ・意味を言葉の容器に入れるという発想が見られます。

手紙に感謝の気持ちを込める。

しかし、全体的に見ると、コミュニケーションを言語化する際、英語では「導管メタファー」が広く見られるのに対して、日本語では「**液体メタファー**」（fluid metaphor）が優勢であると言えます。

未来は前方か後方か？
具体的なものを抽象的なものに転用する場合のパターンとしてもうひとつ広く見られるものとしては、場所を表す空間表現がより抽象的な時間表現に転用される場合です。まずは、「前後関係」を示す場所表現の例を見てみましょう。

A dog was running *after* her.
犬が彼女の後を追いかけていた。
They knelt *before* the king.

彼らは王の前でひざまずいた。
The dog *followed* me.
犬が私の後についてきた。
He let her *precede* him through the gate.
彼は門を通るとき彼女を彼の先に行かせた。

　こうした場所表現はしばしば時間に転用されます。

before /*after* Christmas（クリスマスの前・後）
the year *before*（前年）
the year *after* next（再来年）
in the *following* year（その翌年に）
in the *preceding* year（その前年に）

　日本語でも、「以前」、「以後」、「先週」、「次週」、「後回し」、「前世」など空間を表す言葉が時間的な意味を発達させていることが多く見られます。英語と日本語の例を見ると、the year before（前年）や「先週」のように前方や先が「過去」を、in the following year や「後回し」では後方が「未来」を指していることがわかります。
　一方、それとは正反対に、前方や先方が未来を、後方が過去を表している例もあります。

There is a bright future *ahead* of her.
彼女の前途には輝かしい将来がある。

I look *forward* to seeing you next week.

第 2 章　a hand of bananas はどんな手?

来週あなたにお会いするのを楽しみにしています。

That's all *behind* us now.
それは皆もう過去のことだ。

　日本語でも「後先」、「過去をふりかえる」では未来が先、過去が後になっています。さらに、次の例ではこうした相矛盾する 2 つの時間の捉え方が 1 つの文の中に共存しています。つまり、forward という表現では前方が未来として表されていますが、the following month では後方が未来となっています。にもかかわらず、次の文から不自然さは全く感じられません。

We shall look *forward* to seeing you in the *following* month.
来月お会いするのを楽しみにしております。

　この一見相矛盾する時間表現は、実は異なる 2 つの時間の捉え方に起因します。ひとつは、時間を一方向へ動いていくものと捉え、その先頭部分を過去、それに続く部分を

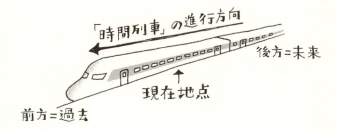

37

未来と見なすものです。一般に、動いている物体は、進行方向が前方となるよう方向づけがなされます。時間の進行を走っている電車でイメージしてみると、「現在」という地点を通過している列車の先頭部分が「通り過ぎた過去」、それより後の部分が「これから来る未来」となります。

　もうひとつは、時間を人間との関連で方向づけるもので、時間という列車は私たちのほうへ向かって未来からやってきて、私たちの前を通り過ぎ過去へ向かいます。このモデルによれば、時間列車の通過を見ている人の前方が未来で、通り過ぎて背後にあるのが過去ということになります。「行く年来る年」、「学会は来る5月に開かれる」、「去る月曜日」といった表現も前方から「来る」のは未来で、背後に「去っていく」のは過去という、時の捉え方によって説明できます。

　また、次の例では未来が前方ですが、この場合、私たちのほうが時に向かって移動していくイメージです。日本語の「未来に向かって進む」も同様です。

第2章　a hand of bananas はどんな手?

We're *approaching* the end of 2016.
2016年の終わりに近づいている。

　ところで、日本語では、「前後」だけでなく「上下」という空間概念もしばしば時間に転用されます。「上」に関連する語が「より古いとき」、「下」に関連する語が「より新しいとき」を表します。それぞれの日本語表現に英訳を付してありますが、英語では「上下」の表現が使われていないことにも注意してください。

　2月上旬（the beginning/early part of February）
　7月下旬（the last third of July）
　上半期（the first half of the [fiscal] year）
　下半期（the second half of the [fiscal] year）
　上代（ancient times / the remote past / the early history）
　時代が下る（go *forward* in time）
　時代を遡る（go *back* to the past/into history）
　それ以降（*after* that）

　ただし、英語でも Their wedding date was moved *up* a month.（彼らの結婚式の日取りは1ヶ月繰り上げられた）のように、up が「より古いとき」と結びつくこともあります。「上る」を意味する ascend が「時代を遡る」の意味で使われることがあります。また、英語の descendant（子孫）は、descend（下る）の派生語なので、日本語と同様「下」が「より新しいとき（世代）」と結びついているように思えますが、先祖は ancestor（ラテン語 antecessor［前を行く

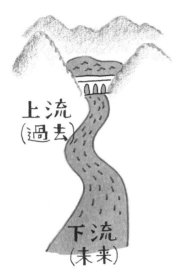

もの]より)で「前」と結びついています。子孫を表す語としてはposterityもありますが、この語もラテン語起源でもとの意味は「後から来るもの」です。

なぜ日本語では、しばしば空間表現の上下がそれぞれ過去と未来に結びつくのでしょうか。先ほどコミュニケーションを表すメタファーについて述べた際、日本語では液体のメタファーが広く使われていることを見ました。実は日本語では、「時の流れ」、「時に流される」、「年の瀬」などの表現からうかがえるように、「時間の経過」を「川の流れ」として捉えています。したがって、上下を用いた時間表現は、時が過去（上流）から未来（下流）へ流れているイメージに基づいていると言えます。

英語でも、the flow of time（時の流れ）、go against the stream（時流に逆らう）、swim with the current（時勢に従う）のように時の経過を川の流れに喩えた表現はありますが、日本語と比べると「液体メタファー」が広く用いられていないため、過去や未来を川の上流や下流に喩える表現は一般的でないと考えられます。先にふれたdescendant

第 2 章　a hand of bananas はどんな手?

> ### Promenade——時間に左右はあるか？
>
> 　時は、「前後」や「上下」といった空間概念を使って表される例を見てきましたが、興味深いことに、「左右」という空間概念が時間に転用される例は英語や日本語に限らずどの言語でもほとんど見られないようです。
> 　時間は一方向に不可逆的に進みます。一般にものは前方に向かって進むことから、「前後」を示す表現は時間表現として転用することができます。また、川の流れも上流から下流に向かって流れていくので、時を川の流れに喩えて「上下」のイメージで捉えることもできます。一方、一定の進行方向をもたない「左右」の概念は、時間表現としては使いにくいと考えられます。
> 　ところで、英語で「右（の）」を表す right の原義は「正しい（こと）、まっすぐな（もの）」です。right に方向を示す意味が生じたのは、一般に右利きの人のほうが多く、「正常」なのは「右」のほうと考えられたためです。一方、left の原義は一説によれば「弱い」と言われますが、これは多くの人にとって左手が利き腕でないことによります。left-handed（左利きの）には、「不器用な、下手な」という意味もあります。
> 　「左右」は「右派」、「左派」のように人々の政治姿勢について用いられることもありますが、これはかつて議会で議長の右手に保守系の貴族議員が、左手に平民議員が着席したことにちなみます。

が「下」と結びついているのは、a lineal descendant（直系の子孫）という表現などがあることから、川ではなく家系図（子孫は下方に位置）をイメージしていると考えられます。ascend も「家系・系図を遡る」という意味で使われることが多いようです。

41

sharp cheese の味

　人間の五感を表す語は、ある感覚からほかの感覚へと転用されることがしばしば見られます。たとえば、赤・橙(だいだい)・黄色などを指す warm colors（暖色）では、本来触覚を表す warm が color という視覚に関する語を形容していて、触覚から視覚への転用がおこっています。このようにある感覚を表す語が、別の感覚に比喩的に転用される現象を「共感覚」（synaesthesia）と呼びます。共感覚メタファーのほかの例をいくつか挙げてみましょう。sharp cheese は「味（臭い）のきついチーズ」を表しますが、触覚から味覚・嗅(きゅう)覚への転用がおきています。異なる感覚への転用は、sweet voice（甘い声：味覚→聴覚）、sour smell（酸っぱい臭い：味覚→嗅覚）、dull color（薄ぼんやりした色：触覚→視覚）、clear voice（澄んだ声：視覚→聴覚）、loud color（派手な色：聴覚→視覚）でも見られます。日本語でも共感覚メタファーは豊富にあり、「滑らかな味」（触覚→味覚）、「つくような臭い」（触覚→嗅覚）、「目ざわり」（触覚→視覚）、「耳ざわり」（触覚→聴覚）、「甘い香り」（味覚→嗅覚）、「渋い色」（味覚→視覚）、「甘い声」（味覚→聴覚）、「明るい声／暗い音色」（視覚→聴覚）、「うるさい色」（聴覚→視覚）などが例として挙げられます。

　共感覚メタファーは、異なる感覚器官で全く自由におこるわけではありません。sweet voice のように味覚から聴覚への転用は見られますが、その逆の聴覚から味覚への転用はまれで、普通 loud taste（やかましい味）とは言いません。dull color では触覚から視覚への転用がおこっていま

すが、bright touch（明るい肌触り：視覚→触覚）という表現は耳慣れません。日本語でも聴覚から味覚、聴覚から触覚への転用があまり普通でないことは、loud taste, bright touch に対する日本語訳の不自然さからもうかがえるかと思います。また、視覚と聴覚の間の転用は両方向でおこりますが、「視覚」→「聴覚」のほうが「聴覚」→「視覚」よりも広く見られるようです。

感覚表現の転用の方向性

どのような感覚がどのような別の感覚へ転用されるかに関してはある程度方向性が見られます。触覚は、味覚・嗅覚（sharp taste 味［臭い］のきついチーズ）、視覚（cold color 寒色）、聴覚（soft melody 快い音楽）に転用されますが、逆方向の転用、たとえば sour touch（酸っぱい肌触り：味覚→触覚）、bright touch, noisy touch（騒々しい肌触り：聴覚→触覚）は普通とは言えません。味覚は、嗅覚（sweet smell 香気）、聴覚（sweet singer 美声の歌手）、視覚（sweet sight 美しい景色）を表すのに用いられますが、逆方向はまれです。以上をまとめると、異なる感覚間の転用には次ページの図のような方向性が見られます。

共感覚表現に見られる転用の方向性は史的な意味変化でも確認することができます。hot という形容詞は、触覚、味覚、嗅覚、視覚、聴覚などに関わる意味をもっていますが、「暑い・熱い」という触覚の意味がもっとも早い段階（古英語期）から見られ、そこから味覚、嗅覚、視覚、聴覚へ転用されました。つまり、hot は13世紀初めに味覚に転用され「辛い」を意味するようになり、16世紀末には嗅

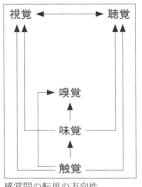
感覚間の転用の方向性

覚の意味（[狩猟用語]嗅跡が強く残っている）を身につけ、17世紀になると視覚（[色が]目立つ、どぎつい；[色が]燃えるような）、さらに20世紀には聴覚（[ジャズ]リズミカルで感情的な曲の；ジャズ演奏が巧みな）に転用されました。また、sourは現代英語では、味覚、嗅覚、聴覚の用法がありますが、原義は味覚（酸っぱい）でそこから14世紀に「鼻につく」という嗅覚の意味、20世紀になって「音程がはずれた」という聴覚の意味が発達しています。

　感覚間の転用の底辺にある触覚は、何かを直接手で触れたりすることなどによって得られる情報で、五感の中でもっとも直接的な感覚と言えます。一方、頂点にある視覚や聴覚の場合、人間は外界の物理的な刺激をそのまま感受しているのではなく、かなりこみいった操作・選択の過程を経て、視・聴覚情報を作り出しています。したがって、図に見られる転用の方向性は、単純で直接的な感覚表現を使って、より抽象度の高い複雑な感覚を表していこうとする傾向の現れと言えます。

　ただし、感覚間の転用の方向性には例外も少なからず見られます。英語では魚などのいやな臭いを loud fish smell と言うことがありますが、ここでは聴覚から嗅覚への転用がおこっています。日本語には、「香を聞く」という表現

がありますが、この場合も聴覚から嗅覚への転用がおこっています。酒の味の良し悪しを鑑定する「聞き酒（利き酒）」においても同様の転用の可能性があります。また、「濃い味付け」や「淡い味」では視覚から味覚への転用が見られますし、「香ばしい味」や「生臭い味」では嗅覚から味覚への転用がおこっています。また、詩人など言語的センスにすぐれた人たちは、言語の創造的使用を目指して、あえて感覚間の転用の方向性に反する例を創り出すこともあります。たとえば高村光太郎は『智恵子抄』のなかで「赤い手触り」（視覚→触覚）という表現を用いています。したがって、異なる感覚表現に見られる転用の方向性は例外を許さない「法則」というよりも、あくまでひとつの「傾向」と見なしたほうがよいかもしれません。

　共感覚現象は一般にはメタファーと見なされることが多いですが、転用がどのような類似に基づくのか判断するのが難しい場合があります。たとえば、sweet singer では味覚から聴覚への転用がおこっていますが、「甘い」ものを口にしたときと美声を聴いたときの間に生じる何らかの類似性―おそらく心地よさ―に基づく転用かと思います（この類似性は甘党の筆者にはよく理解できます）。一方、sweet smell（味覚→嗅覚）では、味覚に関わる口（舌）と嗅覚を感じる鼻は人間の身体構造上繋がっており、そのため甘い味覚を感じるときは同時に甘い匂いも感じることが多いと言えます。またプリンを食べた時などに感じる「なめらかな味」（触覚→味覚）では、プリンの味覚はプリンが舌の上に接触している感覚と切り離して考えることはできません。このように考えると sweet smell や「なめらかな味」にお

ける転用はメタファーと言うより、2つの感覚の近接・共存に基づくメトニミーと言えるかもしれません。メトニミーについては次章で詳しく見ます。

第 3 章
❖
bottle を飲み干す
―「近くにあるもの」で指し示す―

歩くスーツ

すでに見たように、「手」を意味していた hand が「バナナの房」という別の意味を獲得した場合、両者の形状の類似性に基づいて意味の変化がおこっています。それに対して、「手」を意味していた hand が「筆跡」の意味で用いられるときは、「手」から「筆跡」への転用は、文字を書いているとき書いている手と文字（筆跡）が空間的に近接していることによります。あるものを表すのにそれと密接な関係にあるものを置き換えることを「換喩」または「メトニミー」（metonymy）と呼びます。メタファーと同様、メトニミーに基づく意味の転用は日常的に広く見られます。

The *kettle* is boiling.
ヤカンが煮えくり返っている。

The *suits* on Wall Street walked off with most of our savings.
ウォール街（ニューヨーク市マンハッタンにある米国金融の中心地）のスーツ族が私たちの預金のほとんどを持ち去った。

最初の例では、「沸騰している」のはヤカンではなくお湯ですが、前者は後者の入った容器なのでこうした転用がおこっています。2番目の例では、衣服（スーツ）でもってそれを着ている人（とくに重役などのエリート）を指して

います。衣服や持ちもので身につけている人を指し示すメトニミーは、夏目漱石の『坊っちゃん』に登場する「赤シャツ」という名前などでお馴染みかと思います。

先の例では「スーツ」が「スーツを着た重役たち」を表していますが、メトニミーは必ずしも単なる省略表現ではありません。あえて人には言及せずに「スーツ」という簡潔な表現を使うことによって、金融業界のエリートたちの人間性を欠いた行為が強調されているように感じられないでしょうか。

メトニミーによる転用は、2つの要素が必ずしも空間的に近接していなくてもおこります。

Bush has bombed Afghanistan and Iraq.
ブッシュ大統領がアフガニスタンとイラクを爆撃した。

The *pen* is mightier than the *sword*.
ペンは剣よりも強し。

最初の文は、アメリカ合衆国元大統領のジョージ・W・ブッシュ（George Walker Bush, 1946-）が戦闘機に乗ってアフガニスタンやイラクを爆撃したという意味ではありません。ここでは Bush は「ブッシュ大統領の命令下にある空軍パイロット」を指していると考えられます。おそらく爆撃時に大統領はパイロットの近くにいたわけではありませんが、両者は一方が他方の命令下にあるという点で密接な関係があります。2つ目の文は、イギリスの政治家・小説家エドワード・ブルワー＝リットン（Edward Bulwer-

Promenade──『あんな目はごめんだ』

SF小説家のフィリップ・K・ディック（Philip K. Dick, 1928-82）の短編に『あんな目はごめんだ』（*The Eyes Have It*）があります。主人公の男性は一般の人が無意識のうちにメトニミーとして理解している表現を文字通りの意味にとり、恐怖に怯えていますが、その滑稽さが描かれています。たとえば、本を読んでいるとき男性はある一文を読んで戦慄を覚えます。

… his eyes slowly roved about the room.
Vague chills assailed me. I tried to picture the eyes. Did they roll like dimes? The passage indicated not; they seemed to move through the air, not over the surface.
「……彼の目はゆっくりと部屋をさまよった」
なんとなく背筋が寒くなる感覚に襲われた。私はその状況を想像してみた。男の目は10セント硬貨のように床をころがったのだろうか。文脈からすると、そうではない。男の目は床の上ではなく、空中を動いているように思えた。

もちろん his eyes というのは、「彼の視線」を表すメトニミーですが、男性はそれを文字通り「目玉」と理解し怯えているのです。この男性に先ほどの例文（The suits on Wall Street walked off with most of our savings.）を見せたら、「歩くスーツ」にさらに戦慄を覚えるかもしれません。

ところで、メトニミーを文字通りの意味にとることのおかしさを描いた落語もあります。「無精床」は、ものぐさで自分勝手な床屋に偶然入ってしまった男の災難を描いたものですが、以下の床屋と客のやり取りを見てみましょう。

第 3 章　bottle を飲み干す

> 客　　こんちわ、親方... こんちわ、親方、いないのかい？ こんちわ、こんちわ！
> 親方　うるせぇなぁ... こんちわ、こんちわって... いっぺん言いゃあわかるじゃあねぇか... 何か用か!?
> 客　　いや、悪いんだが、すぐやってもらいてぇんだが...
> 親方　すぐやる？　ナニを？
> 客　　頭をやってもらいてぇんで
> 親方　どこへ？
> 客　　どこへって... おれぁ頭を荷造りしてどっかへ届けようってぇんじゃあねぇよ、頭をこさえてもらいに来たんだよ
> 親方　頭をこさえる？　そりゃあだめだ。うちは人形作りじゃあねぇから、頭なんざ作れねぇ
> 客　　そうじゃねぇんだよ、つまり... どう言ゃあ分かるんだ
>
> 　何ともとんちんかんなやり取りですが、その原因は親方が客の言葉にあるメトニミーを（おそらくわざと）文字通りの意味にとっていることに起因します。たとえば、客が「頭やってもらいてぇんで」や「頭をこさえてもらいに来たんだよ」と言っていますが、この場合「頭」は「髪の毛」や「髪型」のメトニミーとして通常理解されますが、ひねくれた床屋は字義通り「頭」と解し屁理屈を並べています。

Lytton, 1803-73) の戯曲『リシュリュー』(*Richelieu; Or the Conspiracy*) に登場する文句ですが、「ペン」と「言論」、「刀」と「武力」は一方が他方の象徴となりうる点でやはり関係性が深いと言えます。つまり、メトニミーの関係にある 2 つの事柄は、密接に関連し合っており、そのため一方に言及することで他方を表すことができるのです。

51

メトニミーの型

メトニミーには「容器」でもってその「中身」を表すなど、いくつかの代表的なパターンが見られます。以下、それぞれの転用のパターンについて英語の例を用いて見ていきましょう。

・「容器」→「中身」

He drank three *bottles*.（ボトル→ボトルの中の飲料）
彼は3本ボトルを飲み干した。

She has a large *wardrobe*.（洋服ダンス→洋服）
彼女は衣装持ちだ。

日本語でも、「鍋が煮えている」（鍋→鍋の中の食べ物）、「丼を平らげる」（丼→丼の中の食べ物）と言いますが、これも容器でもって中身を表しているメトニミーと言えます。

・「場所」→「そこにいる人」

The *lecture hall* burst into laughter.
講義室にどっと笑いがおこった。

この文では、lecture hall は「講義室にいる人たち」を意味していますが、講義室が人々を収容する「容器」だと考えれば、「容器」でもって「中身」を指し示すメトニミーの一種であるとも見なせます。川端康成（1899-1972）の『雪国』のなかに「道は凍つてゐた。村は寒気の底へ寝

第3章 bottle を飲み干す

静まつてゐた」という件(くだり)がありますが、「村」は「村に住む人々」を表しています。

- 「場所」→「そこにある機関・そこでおきた出来事」
  The *White House* refused to comment on the report last night.
  米国政府は昨夜その件へのコメントを拒否した。

  Initial investigations of *Watergate* were heavily influenced by the work of two reporters from the *Washington Post*.
  ウォーターゲート事件の初期の調査は『ワシントンポスト』の2人の記者の仕事によって大きく影響を受けた。

White House はもちろんアメリカのワシントン D.C. にある大統領官邸ですが、1つ目の例ではそこにある「連邦政府」の意味です。2つ目の例の Watergate はそこでおきた一大政治スキャンダルを表します。この事件は、1972年、米国共和党側の人物が民主党本部のあるワシントン D.C. のウォーターゲート・ビルに盗聴器を仕掛けようとしたもので、当時のリチャード・ニクソン大統領（Richard M. Nixon 1913-94）の失脚にまで発展しました。なお、日本語でも「永田町 vs. 霞ヶ関」といった場

大統領辞任に追い込まれたリチャード・ニクソン（New York Times／アフロ）

合、そこにある主な機関(それぞれ政界と官僚機構)を指すことがあります。また、「広島・長崎を繰り返すな」と言ったときは、「広島」と「長崎」はそこでおきた「原爆投下」を意味します。

・「生産地」→「産物」
　china（中国→陶磁器）
　japan（日本→漆・漆器）
　Bordeaux（ボルドー→ボルドー産のワイン）

中国と日本は、それぞれ陶器や漆器の代表的な生産地であると考えられていました。日本語で「大島」が「大島つむぎ」を表すのも生産地で産物を表すメトニミーです。また、「カボチャ」はポルトガル語 Cambodia からですが、この野菜がカンボジア原産と考えられたためです。

・「作者」→「作品・製品」
　2nd stolen *Picasso* found in suspect's home.
　盗難にあっていたもう1点のピカソの絵が容疑者の家で見つかった。

　You can find *Spielberg* at the back of the store.
　スピルバーグ（＝スピルバーグ監督の映画の DVD）は店の奥のほうにあります。

最初の文は新聞の見出しですので、冠詞や be 動詞が省略されています。日本語でも「岡本太郎（＝岡本太郎の作

品）が高値で落札された」と言います。なお、才能ある芸術家をピカソに喩えて "He is a second Picasso."(彼はピカソの再来だ）と言うように、固有名詞はメタファーとして用いられることもあります。

- 「材料」→「それで作られたもの」
  a glass（ガラス→ガラスで出来たグラス）
  an iron（鉄→鉄で出来たアイロン）

日本語の「アルコール」も「アルコールで作られた酒」を意味する場合は、このタイプのメトニミーの例となります。

- 「道具・もの」→「使用者」
  The *violin* has caught the flu.
  バイオリン奏者が流感にかかった。

  They need a better *glove* at shortstop.
  もっと上手なショート（遊撃手）が必要だ。

violin と glove は、それぞれそれらの道具を使う演奏家や野球選手を表しています。この章の冒頭でふれた例（The suits on Wall Street walked off with most of our savings.）における suits（スーツ→それを着た人々）もここに分類できます。

粉々に割れたワイン？
先に「作者」によって「作品・製品」を表すメトニミー

について見ましたが、こうしたメトニミーはどのような場合でも使えるわけではありません。たとえば、メアリーという人がチョコレートケーキを作った場合、前者で後者を表すメトニミーはおそらく容認されないでしょう。

? Mary was delicious.（= Mary's chocolate cake was delicious.）
? メアリーは美味しかった。

ピカソや岡本太郎のような有名な芸術家の場合は、その名前を聞けばその作品を思い浮かべることはできるでしょうが、メアリーの場合は（よほど有名なパティシエでないかぎり）その名前を聞いただけでチョコレートケーキを連想することは難しいため、この例のようなメトニミーが成立しないと考えられます。

ところで、洋菓子屋でチョコレートケーキを注文したお客が代金を支払わずに立ち去った状況を想像してみましょう。このような場面では、以下のように言うことができます。

The chocolate cake left without paying.
チョコレートケーキが支払わずに出て行った。

この例では、チョコレートケーキを注文したお客のことをケーキで表しています。こうしたことが可能になるのは、洋菓子屋という場面ではお店の人がお客を区別するのにその注文品に言及するのは大変便利であるからです。つまり、メトニミーの本質は、ある人・もの・ことに言及したいが、

第3章 bottle を飲み干す

何らかの理由でそれが難しい場合に（たとえば洋菓子屋さんは普通お客さんの名前を知りません）、それと何らかの関連があり、より馴染みのあるほかのもの（たとえば、お客の注文したケーキ）を目印として利用し、本来言及したい人・もの・ことを指示することと言えます。

メトニミーをこのように捉えると、以下のような文が不自然であることが説明できます。

? Wine broke into pieces. (= The wine glass broke into pieces.)
? ワインが粉々に割れた。

「容器」でもって「中身」を示す意味の転用の例はすでに見ました。その逆の転用（「中身」でもって「容器」を示す）がおこってもよさそうですが、ワイングラスが割れたとき、「中身」のワインでもって「容器」であるグラスを指すことはできません。これは、ワイングラスとワインを比べてみると、一般に入れ物のほうがまず初めに私たちの目に入ってきますので、いわば目立つ「容器」のほうを目印として中身に言及するほうがより自然であるからだと考えられます。

同様に、「作者」でもって「作品」を表すことはできますが、その逆は普通成り立たないようです。

I am reading Shakespeare.
私はシェイクスピアを読んでいます。

? *A Midsummer Night's Dream* died in 1616. (= Shakespeare died in

1616.)
?『夏の夜の夢』は1616年に死にました。

「作者」と「作品」でしたら、一般的に人間である前者のほうがわれわれにとって身近でよく知られた存在ですので、「作者」で「作品」を表すメトニミーのほうが多くの人にとって有用と考えられます。

二十四の瞳

メトニミーのパターンとして、ほかによく見られるものとしては、hand（手→労働者）や redcap（赤帽子→赤帽子をかぶっている人、ポーター）のように「部分」で「全体」を表すもの、その逆に creature（創造物→創造物の一部である人間）のように「全体」で「部分」を表すものがあります。

「部分」と「全体」に関わるメトニミーと似たものとして、daily bread（日々の糧）のように「パン」という種（下位概念）で「糧・食べ物」という類（上位概念）を表すものが挙げられます。日本語の「小町」（小町という特定の美人→美人）も種でもって類を表しています。

一方、England lost the match. という文では、類である England（英国）が「英国の（サッカー）チーム」という種

第3章 bottle を飲み干す

を表しています。同様に、Don't Drink and Drive.（飲んだら乗るな）という交通標語では、本来は「飲料一般を飲む」を意味する drink が「アルコールを飲む」を意味しています。日本語の「花見」の「花」も「桜」という種を表

しています。「部分」と「全体」、「種」と「類」の間の転用は、「提喩」または「シネクドキ」(synecdoche) と呼ぶこともあります。ただし、「部分」と「全体」の間の転用は（ほかのメトニミーと同様に）現実世界における近接関係に基づくのに対して、「種」と「類」の間の転用は意味関係における包含関係に基づくため、両者を区別して後者だけにシネクドキという用語を当てることもあります。
「部分」から「全体」への転用がおこる場合、「部分」であれば何でもその「全体」を表すのに転用できるわけではありません。

I saw lots of old *faces* at the party.
パーティーには多くの懐かしい顔（＝人）があった。

この例では、face（顔）という部分で「人」全体を表していますが、普通、目や鼻や口で「人」を指すことはできません。

? I saw lots of old *eyes/noses/mouths/bodies* at the party.

? パーティーには多くの懐かしい目／鼻／口／体（＝人）があった。

　これは、人を示す場合、「顔」がとくに際立った重要な部分であると一般に考えられているためです。たとえば、目、鼻、口あるいは胴体だけの写真が付いた身分証明書は即座に却下されるでしょう。

　ただし、特定の文脈で顔以外の部分に焦点が当てられるときには、顔以外の身体部分が人全体を指す場合もあります。子どもに食べ物を与えて養っていくことを述べた以下の文では、食べ物を取り入れる「口」に焦点が当たり、「口」で「人」のことを表すことは自然です。

　The man has too many *mouths* to feed.
　その男にはあまりにも多くの養うべき口（＝家族）がある。

　同様に、大学のような研究機関ではそこに所属している人の頭脳が重要になるので、head が「人」を表すメトニミーとして用いられています。

　There are a lot of good *heads* in the university.
　その大学には優れた頭脳（＝優れた研究者）がたくさんいる。

『二十四の瞳』は壺井栄原作（1952；1954年映画化）で香川県小豆島を舞台に女性教師と12人の生徒のふれあいを描いた作品ですが、教室で教師に向けられた12人の小学生たちのつぶらな瞳を思い浮かべれば、「瞳」で「生徒」を表すことに納得されるでしょう。

第3章 bottleを飲み干す

因果関係
　空間的な近接だけでなく、因果関係のような時間的な近接が意味の転用の契機になることがあります。次の2つの英文における want の意味は一方が「欲する」、他方が「欠いている」ですが、この2つの意味はどのように繋がっているのでしょうか。

She *wants* everything she sees.
彼女は見るものをすべて欲しがる。

The answer *wanted* courtesy.
その返答は礼儀を欠いていた。

　まずは want の語源を調べてみましょう。

want v.　1（?*a*1200）欠ける，欠く　2（*c*1470）必要である　†3（1604）-（1749）ない［いない］ことに気づく，ない［いない］ので寂しく思う［困る］　4（1706）欲する　◆ ME wante(n) ⇐ ON vanta 'to be lacking'

（『英語語源辞典』、一部簡略）

　この語は13世紀初め以前に古ノルド語から借用され、当時の意味は古ノルド語と同様に「欠ける、欠く」であったことがわかります。現在もっとも一般的な「欲する」の意味は、1706年が初出となっています。この2つの意味は、因果関係に基づいて結びついています。つまり、人は何か

が欠乏していると、それが必要であると感じたり、それがなくて寂しいと思ったりし、その結果それを欲するようになるものです。

　日本語の「整理」という語には「交通整理」のように「乱れた状態にあるものを整える」という意味と「在庫整理」のように「不要なものを捨てる」という意味がありますが、この2つの意味も因果関係によって密接に関連し合っています。たとえば、倉庫を整理する場合、散らかったものを片付けると、その結果として不要なものを捨てる必要が出てくることがあります。『日本国語大辞典』(精選版、小学館)を見ると「整える」の意味は13世紀から見られるのに対して、「処分する」のほうは20世紀の用例しか挙げられていません。この場合も、「行為・状態」から「その結果」へ意味がシフトしています。

　以上の意味変化とは逆のパターン―「結果」から「先行する行為・状態」へと意味が変化する場合―も見られます。英語では、be動詞が以下の文のように「(人が)来る、行く」の意味で用いられることがあります。

I will *be* home by noon.
正午までに家に帰るつもりです。

　ここでは、「(家に)いる」という状態を表すbe動詞がその状態に先行する行為―「家に帰る」―を表すのに用いられています。日本語でも、「さあ、明日は早いから、早く寝た、寝た」のように完了の「た」が、差し迫った命令を表すことがありますが、ここでも、「(完了しているべき)

行為」を表すのに「その行為の結果」を表す表現が用いられています。

ゼロ派生

英語では、語形を変えず品詞転換すること(ゼロ派生 [zero-derivation] または転換 [conversion] と呼ばれる)が盛んです。とくに hammer(金槌→金槌で打つ)、bag(袋→袋に入れる)、dust(ちり→ちりを払う)などのように名詞を動詞に転換することが頻繁に見られます。hammer, bag, dust では、道具やものでそれに密接に関連する行為を表すという関係が見られますが、名詞とそれからゼロ派生した動詞の意味の間にはこうしたメトニミック(換喩的)な関係が存在します。

動詞の意味は、名詞の意味と何でも関連があればよいというわけではなく、日常生活でその名詞の指すものがどの

Promenade──名詞から動詞へ

以下の名詞はいずれも動詞用法をもちますが、動詞用法がどのような意味になるか考えてみましょう。

scale (鱗), stone (石), seed (種), whale (鯨), baby (赤ん坊), shoulder (肩)

答え:scale(鱗を落とす),stone(石を積む・敷く・投げる,石で磨く),seed(種をまく;種を取り除く),whale(捕鯨する),baby(赤ん坊のように大事にする,甘やかす),shoulder(肩に担ぐ;肩で押す;肩を並べて進む)。

ように用いられているかといった百科事典的(文化的)知識が動詞用法の意味に関わってきます。たとえば、本来名詞の nail(釘)が動詞として用いられると、「何かを釘で打ち付ける」の意味になり、「釘で穴をあける／飾りを作る」を意味することはないでしょう。また、tea(お茶)は動詞用法では「お茶を飲む」のほかに「軽い食事をとる」も意味することがありますが、これはイギリスなどで午後、紅茶とともに軽食をとる習慣があることによります。

メトニミーと文法

英語の動詞 seem は、it を主語として that 節を伴う場合と、人を主語として to 不定詞を用いる2つの構文をとります。

It *seems* that she broke a vase.
She *seems* to have broken a vase.

これらの文は、英語の試験などではしばしば書き換え問題としても出題されるので馴染みがあるかと思います。2つの文は、「彼女が花瓶を割ったらしい」という状況を表しほぼ同じ意味であると言えますが、詳細に見ると意味が微妙に異なっています。It seems that 〜のほうは、彼女が花瓶を割ったという出来事全体に焦点があるのに対して、She seems to 〜のほうは(その出来事の一部をなす)彼女に焦点が当てられています。つまり、この2つの構文は、「全体」と「部分」というメトニミックな関係にあると言えます。同様に「この本は読みやすい」を意味する以下の

第3章 bottle を飲み干す

ような2つの文の間にも「全体」と「部分」の関係が見られます。

It is easy to read this book.（出来事全体に焦点がある）
This book is easy to read.（出来事の一部をなす本に焦点がある）

なお、英語史的観点から見ると、seem の場合も easy の場合も「全体」に焦点を当てた構文のほうがもとからあったもので、「部分」を主語にしたものは遅れて発達してきたものです。

メトニミーと関連した文法現象として、最後に「中間構文」（middle construction）を見ていきましょう。この構文では、動詞の形態は能動態であるのに意味は受動態のようになっています。

On a rainy day umbrellas *sell* quickly.
雨の日には傘が瞬く間に売れる。

This pen *writes* poorly.
このペンは書き味が悪い。

　最初の文は、On a rainy day they sell umbrellas quickly. とでも言うべきものですが、売るという行為の主体である人間を背後に追いやり傘に焦点を当てた言い方になっています。したがって、中間構文は行為を表現する際、行為者の人間を含む行為全体ではなく、もっぱらその一部をなす「もの」に焦点を当てている点でメトニミーに近い現象と言うことができます。こうした中間構文は、現代英語、とりわけ広告の分野で好まれる傾向があり、次のような広告文を目にすることもあります。

Sofa beds *fold out* for comfortable sleeping in a pinch.
ソファーベッドはひとつまみで快適な睡眠のために拡がります。

Drapery hooks *adjust* easily to whatever length is desired.
カーテンフックはお望みの長さに簡単に調整できます。

　中間構文が広告で好まれるのは、その製品が売れる理由として、製品自体に売れる魅力・秘訣があることを強調する表現となっているからと考えられます。

第4章

quite a few はなぜ「たくさん」?
―意味変化の原因―

これまで英単語の意味がさまざまに変化していく様子を見てきましたが、語の意味は一体なぜ変化するのでしょうか。意味変化の原因としてはいろいろなものが考えられますが、言語が用いられている社会に関わる要因、言語を使用する人に関わる要因、言語そのものに関わる要因の3つに大きく分けられます。

I　社会に関わる要因

新しい概念・事物を表す必要性

　社会の変化や科学技術の進歩によって、新たな概念や事物が登場すると、それを表す言葉が必要になります。そうした場合、2つの方法が考えられます。ひとつは新しい概念・事物を指し示す言語表現を新たにつくり出す方法で、たとえば最近の例では Google などがそれにあたるでしょう（Promenade 参照）。もうひとつの方法は、既存の語を用いて新たな概念・事物を表すもので、たとえば、パソコンを操作するネズミのような小さな機器をネズミとの形の類似性に着目して mouse と呼ぶ場合が挙げられます。

　2つの方法のうち最初のものは、あまり実用的とは言えません。というのも、新しい概念・事物が登場するたびごとに新たに語を造っていたら、語彙の数が膨大になり人間の限られた記憶に耐えられなくなるからです。ということ

第4章 quite a few はなぜ「たくさん」?

> Promenade——"Google"の語源
>
> Googleという言葉はもともと英語に存在していない語でしたが、その誕生にはちょっとしたエピソードがあります。グーグルの創業者の一人であるラリー・ペイジ（Larry Page, 1973 –）は自分たちが考案した新しい検索エンジンに最初 "googol"（数学用語で10を100乗した10^{100}を意味）という名前をつけて登録しようとしました（googolは米国の数学者エドワード・カスナー [Edward Kasner, 1878 – 1955] が9歳の甥の言葉から思いついて作ったとされる言葉）。この語は、インターネット上にある膨大な情報量を示す言葉として選ばれました。しかし、ドメイン名として登録したときに、googol.comと記すべきところをgoogle.comと間違えたため、googleという新語が生まれました。
>
> ところで、Googleのライバルである検索エンジンの大手Yahooは、1994年に当時スタンフォード大学の学生であったジェリー・ヤン（Jerry Yang, 1968 –）とデヴィッド・ファイロ（David Filo, 1966 – ）が創設しましたが、社名の由来は Yet Another Hierarchically Organized Oracle（もう一つの階層構造をなすデータベース）または Yet Another Hierarchical Officious Oracle（もう一つの階層的でおせっかいなデータベース）の頭字語と言われています。ただし、創設者の二人は、『ガリヴァー旅行記』(Gulliver's Travels)に登場するヤフーにちなんで命名したと言っているそうです。このヤフーは『ガリヴァー旅行記』の作者ジョナサン・スウィフト（Jonathan Swift, 1667 – 1745）が作り出した名前で、理性をもつ馬のフイヌム（Houyhnhnm）に仕える人間の形をした野蛮な獣を指します。

で、多くの場合、新たな概念・事物が生まれた時は、すでにある語の意味を変化させて対応することになります。第

2章と第3章で見たように、多くの語はメタファーやメトニミーによってさまざまな新たな意味を身につけ、多義語として存在しています。

現代社会では、情報技術の急速な発達に呼応して次々に新たな事物・概念が生まれていますが、多くの場合、既存の語の意味を変化させて対応しています。

まずは、コンピュータをはじめとするIT関係の語彙を見てみましょう。computerという語は、フランス語・ラテン語から借用された言葉ですが（1646年初出）、当初は「（観測などで）計算・算定作業をする人」を表していました。19世紀末に「計算作業をする機械」の意味となり、1941年頃から現代的な「電子計算機」の意味で用いられるようになりました。こうした意味変化は、「計算を行う」という機能の類似に基づく意味の転用（メタファー）の例と言えます。

「コンピュータ・ウィルス」や「コンピュータ・ウィルスを検出・除去するプログラム」は、英語ではそれぞれvirusやvaccineと言いますが、これらの語ももともとコンピュータとは関連しない領域で用いられていました。virusはラテン語からの借用ですが、当初（14世紀末）は「（動物の出す）毒（液）」を意味していましたが、18世紀になると人間や動物の身体に入り込み悪さをする「ウィルス」の意味を獲得し、さらに「コンピュータに入り込んで悪さをするもの」（1972年初出）に転用されました。vaccineのほうは、エドワード・ジェンナー（Edward Jenner, 1749-1823）が発明した牛痘ウィルスに由来し（vaccaはラテン語で「牛」を表す）、「ワクチン予防接種」

(1803年初出)の意味でも用いられていましたが、コンピュータに関連する新たな意味(1989年初出)を得ています。最近では、コンピュータや携帯電話を用いたコミュニケーションが盛んになった結果、chat(チャット[する])、mail(電子メール[を送る])、text(携帯メール[を送る])、twitter(ツイッター[する])などの語が新たな意味を獲得していることは記憶に新しいかと思います。なお、mailは「電子メール」と「郵便」の両方の意味になり曖昧なので、後者について snail mail(カタツムリ便;電子メールに比べて遅いので)という表現を用いることもあります。

　社会の変化に対応した大規模な意味変化は、現代だけでなく過去にも見られます。たとえば、中世以降の貨幣経済、近代以降の資本主義経済の発達とともに、多くの英語語彙が原義と並んで経済に関わる意味を発達させました。business という名詞は、14世紀初めから英語に現れますが、当時は「勤勉;努力、尽力」(18世紀初廃義)といった意味で用いられ、その後「仕事、用事」の意味を経て18世紀前半から「商取引、商売」という意味になりました。interest という名詞も、interesting, interested という派生形からうかがえるように、「興味、関心」の意味が原義でしたが、物事の損得は私たちにとっての重要な関心事のひとつであることから、「(金銭の貸し借りを伴う)利害関係」(1452年初出)、「利子、利息」(1529年初出)といった経済的な用法を発達させています。

　stock という語も興味深い意味の変遷を辿っています。この単語は英語にもともとあった語(本来語と言います)ですが、原義は「幹、切り株」でした。幹から次々に新たな

枝が出てくることから、次々に収益を生み出すもととなる「資本、株」(17世紀末より) の意味が生じたと考えられます。

社会における語の移動

もうひとつ重要な社会的要因として挙げられるのが、語の「使用域」(register) の変化です。多くの語は、社会の中で特定の使用域をもっていて、たとえば、nuclear force (核力；核子[中性子、陽子]の間に働く力) はもっぱら物理学の分野で用いられ、一方 designated hitter (指名打者；投手に代わって打席に入る打者) は野球用語です。こうした語には、多くの辞書で [物理]、[野球] のようなラベルがついています。このような特定の使用域をもった言葉が、それ以外の領域で用いられると意味変化が生じます。

I'll be your *designated hitter* in the office while you're on business trips.
あなたが出張中は私があなたの代理を務めましょう。

この例では、designated hitter は野球の領域ではなく一般的な領域で用いられており、意味も一般化して「代役」となっています。このように特定の使用域で用いられていた語が、その領域外で広く使われるようになると、「**意味の一般化**」(generalization of meaning) がおこります。日本語の「仕切り直し」ももともと相撲の用語のひとつで、「相撲の立ち会いで2人の力士の呼吸が合わず仕切りをやり直すこと」という意味でしたが、社会の中で広く使われるようになると「交渉は双方の意見の隔たりが大きく仕切

第4章 quite a few はなぜ「たくさん」?

> Promenade────「愚痴」は仏教用語!
>
> 英語において、キリスト教用語であったものが世俗化した結果、意味変化が生じている例を見ることがありますが、日本語でも本来仏教語彙だったものが一般化している例はたくさん見られます。「知恵」はもともと仏教用語で「物事をありのままに把握し真理を見極める力」を意味していました。「邪魔」の原義も「仏道修行の妨げをする悪魔」、「因縁」は「物事が生じる直接の力である因と、それを助ける間接の条件である縁」、「覚悟」は「迷いを脱し、真理を悟ること」、「愚痴」は仏語で「三毒の一つの心の迷い」を表す言葉でした。
>
> 日本語のことわざとして用いられる「豚に真珠」は「高い価値をもつものでも、それがわからない人に与えると何の役にも立たない」という意味ですが、実はこの慣用句は新約聖書の「マタイ伝」(7章6節) に由来します。また、「目から鱗が落ちる」(何かのきっかけで急に物事がよく見え理解できるようになる) も聖書起源 (新約聖書「使徒行伝」9章18節) です。これらの表現はすっかり「世俗化」してしまっているので、キリスト教に由来することを知らないで使っている人も多いのではないでしょうか。

り直しとなった」のように、意味も「計画などをはじめからやり直すこと」と一般化されています。

ところで、debt (借金) はフランス語からの借用語ですが、英語に輸入された当初 (13世紀初め) は、「人間が神に対して負っているもの、罪」という意味でした。それが14世紀末頃になると「他人に対して金銭的に負っているもの、借金」という極めて世俗的な意味をもつようになりました。ただ、キリスト教会の礼拝で必ず唱えられる「主の

祈り」（Lord's Prayer）の一節——「我らに罪をおかす者を、我らがゆるすごとく、我らの罪をもゆるしたまえ」——の「罪をおかす者」や「罪」は現代英語訳聖書の多くで debtor, debt となっています。

　英語では、このように本来キリスト教用語として用いられていた言葉が一般化した例が数多く見られます。hierarchy（社会における階級制度）は本来「天使の階級」や「聖職者の階級」を表しましたが、次第にキリスト教関係以外の人々にも使われていくうちに、現在使われているような広い意味をもつようになりました。lobby（ロビー）は16世紀中頃にラテン語から借用された語であり、当初は「修道院の回廊、歩廊」を意味していましたが、その後ホテルや劇場の「玄関に続く通路を兼ねた広間」という一般的な意味を身につけています。

　古英語以来の本来語である cell ももともとキリスト教用語で、原義は「（大修道院の）付属小修道院」でした。それが世俗化して、修道院の小さな独房に似た「（蜂の巣の）蜜房；巣穴」を経て、17世紀後半から生物体を組成する小さな単位としての「細胞」という意味をもつようになりました。さらには、現在では通信分野で「1つの基地がカバーする通信区域」という新たな意味も生まれています（ちなみに携帯電話は英語で cellphone と言います）。宗教用語であった cell の場合は、生物学や通信技術といった新たな分野の用語として特殊な意味を発達させていますが、語がある特定の集団・領域の中で使われるようになる場合、「**意味の特殊化**」（specialization of meaning）がおこります。

　同じキリスト教用語でも、hierarchy や lobby は現在で

は意味が一般化
して広い範囲で
用いることがで
きる語ですが、
cellの場合は、
別の分野の専門
用語として特殊
な意味を帯びる
ようになってい
ます。意味の変

化では、意味の特殊化のほうが意味の一般化よりも広く見られるようです。これは、私たちの社会・科学はどんどん専門化されていく傾向があり、そのために意味の細分化のほうへの要請が高いためであると考えられます。

　意味の特殊化は、この章の冒頭で見た最近のコンピュータ用語でもよく見られる現象です。cloudという語の原義は「雲」ですが、コンピュータの分野では、「データを自分のパソコンや携帯電話ではなく、インターネット上に保存するサービス」という特殊な意味で用います。

　さらに、navigate（航海［航行］する→インターネットであちこち検索する）、web（クモの巣→ワールドワイドウェブ）でも意味の特殊化が見られます。

指示物の変化

　語の指していた指示物が、時代とともに変化することによって意味変化が生じることもあります。たとえば、coachはフランス語から16世紀半ばに借用された語で、当

時の意味は「馬車」でした。日本でも女性に人気のあるアメリカの高級革製品ブランドの Coach のロゴにも馬車が入っています（coach の語源をさらに遡ると、もともとはハンガリーの地名 Kosc にたどりつきますが、この村は大型4輪馬車が初めて用いられた場所です）。複数の人を輸送する手段であった馬車は、その後バスや自動車に取って代わられ、それとともに coach の指示物も変化し、「《イギリス英語》長距離バス」、「2ドアのセダン型自動車」、「列車や旅客機のエコノミークラス」などの意味をもつようになりました。

　日本語でも、書籍に関して「巻頭」、「巻末」、「第1巻」のように「巻」という言葉を使うことがありますが、書物が巻き物形式であった時代から継承された言葉です。「巻」の指示対象は巻き物から、現在では本の形に変わっています。さらに、現代ではデジタル化されている映像作品についても「DVD 第1巻」などのように引き続き「巻」を用いています。ついでに「巻」関連でふれておくと、DVD やブルーレイでも「巻き戻し」という言葉が用いられますが、この言葉は記録媒体にテープが使われていた時代の名残と言えます。

II　言語使用者に関わる要因

　今度は言語使用者（話し手・聞き手）が意味変化にどのように関わっているか見ていきたいと思います（言語使用者には書き手・読み手も含まれますが、ここでは音声によるコミュニケーションを想定し、話し手・聞き手という用語を使っていきます）。最近の意味変化に関する研究では、意味変

化がおこるのは実際のコミュニケーションの場であり、コミュニケーションに関わる話し手・聞き手が意味変化に関わっているということが主張されています。

コミュニケーションの場では、話し手は相手に何らかの情報を伝えるだけでなく、聞き手の面子(メンツ)を重んじ、なるべく相手に失礼にならないように配慮した言語使用を行う傾向があります。その結果、日常のコミュニケーションでは、あることを言うのに必ずしもそのことを直接的に表現せず間接的にしか言わないことが珍しくありません。たとえば、夏の時期に部屋が暑くなりエアコンを入れてもらいたい場合、「エアコンを入れてください」というと少し不躾(ぶしつけ)になるので、遠回しに「少し暑いですね」などと言うことがあります。話し手の聞き手に対するこうした言語的配慮は「ポライトネス」(politeness)と呼ばれます。話し手の聞き手に対する配慮はしばしば意味変化を生じさせる要因として働きます。

婉曲表現

どの文化でも口に出すのがはばかられる事柄、すなわち「タブー」(taboo)が存在します。人間の死、性行為、排泄(はいせつ)行為などは多くの文化で不快なもの・淫(みだ)らなものと考えられ、公の場でそれに言及することは避けられます。また、神聖なもの、畏敬すべきものもタブーの対象になりえます。こうしたタブーである事柄にふれる場合、話し手は相手を不快にさせるリスクを減らすために、しばしばそれを直接指し示さず遠回しに言うことがあります。こうした遠回しな表現のことを「婉曲表現」(euphemism)と言います。以

下、婉曲表現においてどのように意味変化が生じるか見ていきましょう。

　死に言及することや死を連想させるものは多くの文化でタブーであるので、それと直接結びつかない言葉を当てることがしばしば見られます。たとえば、亡骸を入れるひつぎは死を連想させるため、英語では本来「箱」を意味する coffin という言葉を「ひつぎ」の意味で婉曲的に用いていました。そうした遠回しの言い方は長い期間使われていると次第に「ひつぎ」そのものを意味するようになり、「箱」の意味は17世紀後半には廃れ、現在では「ひつぎ」がcoffin の中心的な意味となっています。coffin はもはや遠回しな表現とは言えないので、それに代わる婉曲語として、アメリカ英語などでは本来は「小箱」を意味する casket が「ひつぎ」を指して用いられます。

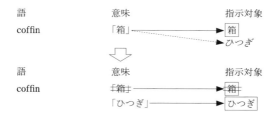

　このように、婉曲表現は初めのうちはタブーとなっているものや概念と間接的な結びつきしかありませんが、繰り返し用いられていくにつれて、それと直接結びついていると感じられるようになります。その結果、婉曲表現として用いられていた語は、本来の意味とはずれた好ましくない

意味をもつようになり、意味の変化(この場合は「**意味の下落**」[pejoration of meaning])が生じます。ハーヴァード大学の認知心理学者スティーヴン・ピンカー(Steven Pinker, 1954-)は、婉曲語の意味が悪化して、それに代わる新たな婉曲表現が次々に生まれていく現象を「**婉曲表現の単調な繰り返し**」(euphemism treadmill)と呼んでいます。なお、treadmill はもともと「粉を引いたり水をくみ上げたりする踏み車」を意味しましたが、現代では「(ベルトに乗って歩いたりする)ランニングマシーン」を指し、そこから「単調な繰り返し」という意味が派生しています。

性行為に言及することも多くの文化でタブーであるので、それと直接結びつかない言葉を当てることが多いと言えま

Promenade——「敬意逓減(ていげん)の法則」

一般に、婉曲表現は使われていくうちにその婉曲性を失い、次々に新たな婉曲表現に取って代わられていきますが、日本語の敬称にも同様な傾向が見られます。たとえば、2人称代名詞の使用にあたっては、相手に配慮して、相手を直示するような失礼な表現を避け、丁寧な表現が用いられてきました。もともと「貴様」や「お前」(原義は「相手の前の空間」)は敬称として用いられていましたが、現代標準日本語ではこれらの表現には敬意のひとかけらも残っていません。現在では、相手の直示を避ける「あなた」(原義は「向こうのほう」)も目上の人には使えません。今日では、「そちら(さま)」(原義は「そちらの方向」)、「おたく(さま)」(原義は「相手の家」)などが2人称の敬称として使われています。このように時代とともに敬称などから「敬意」が失われていく傾向は「敬意逓減の法則」と呼ばれます。

す。英語でも、be intimate with（親しい関係にある→性的関係にある）、make love（愛情を育[はぐく]む→性的関係をもつ）、sleep with/together（一緒に寝る→性的関係をもつ）、go to bed with/together（ベッドに一緒に入る→性的関係をもつ）など性行為を表す婉曲表現が数多く発達しています。

性に関する婉曲表現の例をもうひとつ見てみましょう。マイク・ニコルズ（Mike Nicols, 1931-2014）監督でダスティン・ホフマン（Dustin Hoffman, 1937-）主演の『卒業』（*The Graduate*）という映画を（主題歌であるサイモン＆ガーファンクルの「サウンド・オブ・サイレンス」とともに）ご記憶の方もいらっしゃるかと思います。ホフマンが演じるベンジャミンはロビンソン夫人と不倫をしますが、以下はロビンソン夫人と初めて密会するためにホテルを訪れたベンジャミン（Ben）とホテルの客室係（Room clerk）の会話の一部です（ト書きも含む）。

Room clerk: Can I help you, sir?
Ben: What? Oh - no - I'm just -
Room clerk: Are you here for an affair, sir?
Ben:〔Terror and disbelief start in Ben's eyes. He looks helplessly at the clerk.〕What?
Room clerk: The Singleman's party, sir.
Ben: Oh - yes. The Singleman's party.

第4章 quite a few はなぜ「たくさん」？

Room clerk: It's in the main ballroom.
Ben: Ahh, thank you.
客室係：何かご用でいらっしゃいますか。
ベン：え？ いや、ただ……
客室係：祝宴のほうへいらしたのですか。
ベン：［ベンの目には恐れと不信の念が浮かび、フロント係を困惑して見る］何だって？
客室係：シングルマン家のパーティーでございます。
ベン：ええそうです、シングルマン家のパーティーです。
客室係：それなら大宴会場でございます。
ベン：わかりました。ありがとうございました。

　ベンはなぜホテルの客室係の「祝宴のほうへいらしたのですか（Are you here for an affair, sir?）」という言葉を聞いて狼狽したのでしょうか。実は、フロント係は affair を「（ホテルでの）催し、祝宴」という意味で使っているのに対して、ベンはそれを「情事」ととってしまったのです。ベンの勘違いは、affair が婉曲的に「不倫の恋愛関係」の意味でも用いられることによります。
　トイレに関しても、bathroom, lavatory, loo, rest room, toilet, water closet など英語ではさまざまな代用表現が発達しています（「トイレ」を表す表現については第6章で詳しく見ます）。

ところで、こうした遠回しな表現を見てみると、その原義と婉曲的な意味の間の繋がりはしばしばメトニミーやシネクドキに基づいていることがわかります。たとえば、coffin では「箱」から「ひつぎ」への意味変化がおこっていますが、これは類から種への転用と言えます（「箱」は「ひつぎ」の上位概念）。sleep with における「一緒に寝る」から「性交する」への転用は、2つの行為がしばしば時間的に近接していることから生じたと考えられます。また、bathroom に関しては、洋式の家では浴室とトイレは空間的に近接していることから前者から後者への転用がおこったと言えます。メトニミーやシネクドキが婉曲表現に見られるのは、あるもの・ことに直接言及したくないとき、それと近接・関連しているものの中でネガティヴなイメージのないもので代用したり、より一般的で漠然とした上位概念を用いたほうが、婉曲性が高まるからだと考えられます。一方、類似性に基づくメタファーは、タブー概念を想起させてしまうので、婉曲語法には必ずしも向かないと考えられます。たとえば、「トイレ」を「汚物の受け皿」と喩えるのはとても上品とは言えませんね。

女性を表す語の意味の悪化
　ここまで見てきたように、タブーの領域では、多くの婉曲表現が生まれていきますが、それらは指示対象のもっているネガティヴなイメージと次第に結びつくようになり、その結果意味が下落していきます。意味の下落は、女性に関する語彙においてもしばしば見られます。
　wizard という語は、近年コンピュータ用語としても用

第4章 quite a few はなぜ「たくさん」？

いられ、「ウィザード；アプリケーションの使い方について順を追って説明してくれるユーティリティ」の意味で用いられます。この語の通常の意味は、「（男の）魔法使い」であるので、コンピュータのウィザードは「コンピュータの難しくて複雑な操作を魔法使いのように速やかにやってのけてくれるもの」と言えます。

wizard は、このほかにも「（男の）魔法使い」からさまざまな意味を派生させていますが、いずれも「驚くべき腕の持ち主」や「天才」などの肯定的な意味です。a financial wizard, a wizard at math はそれぞれ「金儲けの天才」、「数学の天才」となります。アップルコンピュータの創立者の一人で CEO（最高経営責任者）も務めたスティーヴ・ジョブズ（Steve Jobs, 1955-2011）が亡くなって1年後、*Asian Tribune*（2012年10月7日）というオンライン新聞に "Remembering the Wizard of Apple: Steve Jobs"（アップル社の天才スティーヴ・ジョブズ氏を回顧して）という題名の記事が掲載されました。

wizard に対応する女性表現として witch がありますが、wizard と異なり、この語の原義「（女の）魔法使い、魔女」からは、「醜い（意地悪な）老女」や「鬼婆」といった否定的な意味がもっぱら生じています。一方、日本語の「魔女」には英語の witch ほど悪いニュアンスがないようです。宮崎駿監督によるアニメ映画に『魔

英語版タイトル

女の宅急便』（原作者は角野栄子）がありますが、可愛らしい少女キキが親元を離れ、魔女として独り立ちしていくストーリーです。この英語版のタイトルは *Kiki's Delivery Service* となっています。タイトルの改変にあたってはネガティヴな響きのある witch を避けようとした意図が働いたのかもしれません。

　男女の対からなるペアのうち女性を表す語のほうの意味が悪化する現象は、英語語彙に広く見られ、「**女性を表す語の意味の悪化**」（semantic derogation of women）と呼ばれることがあります。たとえば、spinster は「独身女性」の意味で使われていましたが、現在ではおもに「結婚適齢期を過ぎた女性」を意味する軽蔑的なニュアンスがあり、「独身女性」を意味する語としては an unmarried（a single）woman のほうが一般的です（ただし法律用語としては、spinster［独身女性］が用いられます）。それに対して、「独身男性」を表す bachelor は、「学士」という意味でも用いられますが、否定的な意味は発達させていません。同様に、女性に対する丁寧な呼び掛けとして使われる madam は、「売春宿の女将(おかみ)」という意味もありますが、男性に対する改まった呼び掛けの sir にはこのような好ましくない意味は見られません。

　日本語においても、男女に関する語彙の間で意味変化の不均衡が見られます。「男になる」と「女になる」は性別以外の点では並行した表現ですが、意味は少々異なっています。両者は、「（初めて）性的関係をもつ」場合にも用いられますが、前者は何か立派な仕事をやり遂げた男性に対しても用いられます。それに対して、後者は性的なニュア

第 4 章 quite a few はなぜ「たくさん」？

ンスに限定されることが多いようです。したがって、「彼は大仕事を成し遂げようやく男になった」は日本語として問題ありませんが、「彼女は大仕事を成し遂げようやく女になった」は日本語として不自然ではないでしょうか。

　女性に関する語彙のほうにもっぱら意味の下落がおこるのは、社会における女性への差別的態度が言語に反映されたものと考えられますが、意味の悪化がおこるしくみは先ほど見たタブー概念を表す語彙と共通しています。つまり、「情婦」や「売春宿の女将」という負のイメージを覆い隠すために、本来は肯定的な文脈で用いられていた madam を当てたのです。婉曲表現にしばしば見られるように、こうした表現も使われていくうちに好ましくない意味と直接結びつくようになり意味の下落が生じ、ついには対応する男性表現と大きく乖離（かいり）するようになりました。

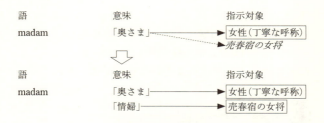

PC 表現

　1980年代以降米国を中心にそれまで社会の中で差別されてきた人々に配慮して、そうした人々に対する侮蔑的な表現を改めていく社会運動がおきました。こうした運動は「ポリティカル・コレクトネス」（political correctness, PC）と

呼ばれます。侮辱・差別的表現を避けて婉曲的なPC表現を用いる場合も、語の意味と語が指し示すものとの間にずれが生じその結果意味変化がおこります。

聴覚障害があることを示すdeafという語は場合によっては差別的に聞こえるので、しばしば行政用語などではhearing-impairedという表現が使われます。この語句は、本来は「聴力が弱い」という意味ですが、PC表現として用いられる場合は、原義とはずれた「耳の聞こえない」という意味になります。タブーの場合と同様、PC表現でもシネクドキがしばしば見られます。漠然とした上位概念を用いることで、差別的な（侮蔑的な）ニュアンスを和らげています。

人種に関わる領域でも、PC表現が発達しています。黒人はかつてnegro, niggerと呼ばれていましたが、こうした語には黒人に対する差別的な態度が強く現れているため、1950年代まではcolored（原義は「色のついた」）が黒人に対する婉曲表現として用いられました。

しかし、前に見たように婉曲性は

水飲み場も白人と黒人で分けられた

時とともに薄れていき、今日ではcoloredは侮蔑的なニュアンスをもつようになり黒人に対して使うことはできません。現在、アメリカの黒人を指す言葉としてもっとも一般的なのはAfrican-Americanです。

ダブルスピーク
政治的ディスコース（言説）などでは、好ましくない現状を覆い隠すために婉曲的な表現が用いられることがあり

Promenade——『1984年』

doublespeakという言葉は、1950年代後半に英語に登場します。この表現はイギリスの作家ジョージ・オーウェル（George Orwell, 1903-50）の『1984年』（*Nineteen Eighty-Four*）に由来するとしばしば考えられていますが、実際には作品中ではこの言葉は用いられていません。ただ、『1984年』で出てくる「ニュースピーク」（Newspeak［反権力的な思想を防止するために語彙を制限した新英語］）や「ダブルシンク」（doublethink［相矛盾する2つの考えを許容すること］）といった用語の影響を受けて造語されたと考えられます。

ダブルスピークは、ニュースピークにある3種類の語彙のなかの「B群語彙」（B vocabulary）に対応しています。これは権力者側に利するように作られた語彙で、たとえば「強制収容所」はjoycamp（歓喜のキャンプ）と呼ばれ、「自由・平等」といった思想はcrimethink（犯罪的思考）というレッテルを貼られます。

『1984年』初版本（Secker and Warburg, 1948）

ますが、これも意味変化の契機となります。こうした表現は「ダブルスピーク」(doublespeak)または「ダブルトーク」(doubletalk)と呼ばれます。たとえば、ベトナム戦争（1960-75年）のときアメリカ軍による（当時の）北ベトナム空爆は air support（空からの支援）と呼ばれました。またイラク戦争時（2003-11年）には、アメリカ軍の誤爆によって多くの市民が犠牲となりましたが、そうした人的犠牲はアメリカ為政者に都合よく collateral damage（付随被害）と呼ばれていました。

控えめな表現と誇張表現

　タブーや差別の領域以外でも、相手に対して配慮を示したり、口調を和らげたりするために言語表現を控えめにすることがありますが、こうした「控えめな表現」(understatement)でも語の意味と語が指し示すものとのずれが見られ新たな意味を生じさせます。たとえば、人になにか贈り物をするときに（高価なものであっても）This is my *little* gift to you.「ちょっとした贈り物です」と言ったりします。本来は「少数（の）」を指すはずの quite a few が I met quite a few people at the party.（パーティーでたくさんの人と会った）のように「たくさん（の）」の意味で用いられるのも、控えめな表現の例です。日本語でもごちそうを用意したのに「つまらないものですが」とか「何もありませんが」と謙遜したりします。

第4章 quite a few はなぜ「たくさん」？

　一方、婉曲表現・控えめな表現とは反対に、話し手が自らの強い感情を相手に印象づけるために、大げさな表現を使うことがあります。たとえば、シェイクスピアの『ハムレット』(*Hamlet*)（5幕1場）でオフィーリアの死を彼女の兄レアティーズから知らされ嘆き悲しむハムレットは **"I loved Ophelia. *Forty thousand brothers* could not, with all their quantity of love, make up my sum."**（俺はオフィーリアを愛していた。4万人の兄の愛情を集めたとしても俺一人の愛情にはかなうまい）と述べ、オフィーリアに対する愛情の深さを「誇張表現」（overstatement, hyperbole）で強調しています。

　また、日々のコミュニケーションでもしばしば誇張表現は見られます。たとえば、大笑いしたとき大げさに **I almost laughed my head off.**（笑って頭がとれそうになった）などと実際よりも誇張した表現が用いられることがありますが、ここでも語の意味と指す事柄とのずれが生じ意味変化が生じる契機となります。

　ほかにも、**I had to wait an *eternity* for the meal to arrive.**（食事が来るまでに長時間待たなければならなかった）では、

89

「長い時間」を表すのに大げさに eternity（永遠）という語が用いられています。日本語の「千客万来」、「滝のように汗が流れる」も誇張法です。

　誇張表現や「強意語」（intensifier）は、何度も使われていくとだんだんインパクトが弱くなっていきます。その結果、婉曲表現と同様に次々に新たな誇張表現・強意語が必要とされます。英語の強意語としては、very がまず思い浮かぶでしょうが、この語は大分使い古され現在では少々インパクトに欠けます。そこで、たとえば「暑さ」を強調したいのならば、It's very hot today. と言うよりも、

　　It's *awfully* hot today.

と言うほうが相手により強く気持ちが伝わります。awfully の代わりに terribly や horribly を使うこともできます。日本語でも「とても」の代わりに「今日はすごく（恐ろしく、怖いぐらい）暑いね」と言ったほうが強い感情が伝わるでしょう。面白いのは、英語でも日本語でも「恐怖」に関連する語が新たな強意語として選ばれていることです。awfully, terribly, horribly の原義はいずれも「恐ろしく」という意味で、「すごい」は本来「ぞっとするほど恐ろしい」という意味です。「恐怖」を表す語が強意表現となるのは、一般に何か恐ろしいことに直面したときに強い感情的な反応があるからだと考えられます。お化け屋敷に入ったときの恐怖体験を思い出してみてください。

　また、英語ではネガティヴな意味をもっている言葉が強意語として使われる傾向があります。

第4章 quite a few はなぜ「たくさん」?

She plays a *wicked* guitar.
彼女はギターがすごく上手だ。

He has a *mean* new car.
彼はすごい新車をもっている。

　wicked は本来「不正な、邪悪な」の意味ですが、最初の文では「すばらしい、上手な」という肯定的な強意語として用いられています。She plays a *wicked* guitar. を「彼女はギターがめちゃくちゃ（めちゃ）上手だ」と日本語でも否定表現に由来する強意語（めちゃくちゃ）を使って訳してみると感じがつかめるかもしれません。同様に、mean は普通「劣った、平凡な、卑劣な」という否定的な意味ですが、ここでは意味が逆転して「すごい、うまい」となっています。日本語でも、「馬鹿正直」や「くそ真面目」のように否定的な「馬鹿」や「くそ（糞）」が強意語として用いられています。

　このように否定語が強意語として、とくに肯定的な文脈で用いられると次第に肯定的な意味を身につけていきます。本来否定的な意味の言葉が良い意味に変化する現象を「**意味の向上**」（amelioration of meaning）と言います。terrific という語は terrify（怖がらせる）の形容詞形でもともとは「ぞっとさせる」（現代では古語法）という意味でしたが、She looked *terrific*.（彼女はすごくすてきに見えた）のように良い意味でしばしば用いられます。日本語でも、「なかなかにくいこと言うね」では、「にくい」が本来の意味と正

反対の「感心な」という意味で用いられています。また、最近では「あの先生の授業、やば（い）」も先生に対する褒め言葉になりうるようです。

皮　肉

wicked では本来悪い意味の語を用いて肯定的な意味を表しますが、それとは逆に否定的な気持ちを表すのにあえて肯定的な言葉を用いることがあります。こうした言葉使いは「皮肉」（irony）と呼ばれますが、ここでも語の意味と語によって指されるものとのずれを生み出し、意味変化のきっかけとなることがあります。たとえば、人に意地悪された場合、It's so mean of you.（あまりにひどい）や That's too cruel.（あまりに冷酷な仕打ちだ）と言うこともできますが、皮肉を交えて It's so kind of you.（ご親切なこと）と表現することも可能です。この場合、kind は「親切な」という意味でなく「意地悪な」という皮肉な意味で用いられています。

kind の皮肉の意味は慣習化していないようですが、皮肉な意味が定着してその語の一部になっている場合もあります。silly という語はもともと「幸福な」、「祝福された」という意味をもっていたのが、後に「愚かな」という意味に変化しました。この「意味の下落」は皮肉な言葉使いに起因します。つまり、silly が本来指す対象とは正反対の

第4章 quite a few はなぜ「たくさん」？

人・ものに対して、「皮肉」や「冷やかし」で使われていくうちに、そうした指示対象と直接結びつくようになり、もとの意味とは反対の「愚かな」という意味を身につけたと考えられます。日本語でも、「あの人はおめでたい人だ」といった場合の「おめでたい」は否定的な響きが感じられます。

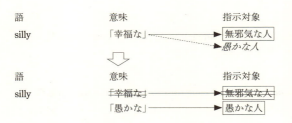

推　論

これまで見てきた意味の変化は、どちらかと言うと話し手が（聞き手へ配慮しつつ）主体的に関与していましたが、コミュニケーションの場におけるもう一方の参与者である聞き手も意味変化に関わることがあります。日常のコミュニケーションにおいては、そこで使用される言語表現は字義通りの意味を超えた文脈的意味をもっていることが多いので、聞き手は常に文脈をたよりに言語表現の意味を推測しています。たとえば、Would you like to go to a movie with me tonight?（今夜ぼくと映画に行かない？）という誘いに対して、The paper is due tomorrow.（明日レポートの締め切りなの）という返答があったとしましょう。その返答を聞いた人は相手の言葉から、「レポートを明日までに書

かなければならないのなら、今夜は映画に行く時間はないだろう」といった推論を働かせ、The paper is due tomorrow. が「今夜は映画に行けない」という断りの返答であると受け取るでしょう。こうした「**推論**」(inference) が意味変化を生じさせることもあります。

以下の2つの文を、接続詞 while の意味に注目して比較してみましょう。

While John was reading a book, Mary was watching TV.
ジョンが本を読んでいる間、メアリーはテレビを見ていた。

While John was cleaning the room, Mary was watching TV.
ジョンが部屋を掃除しているのに、メアリーはテレビを見ていた。

1つ目の文では、while は「〜している間」という時間に関する意味を表しています。2つ目の文も、本来は2つの出来事（ジョンが部屋を掃除することとメアリーがテレビを見ていること）が同時におこっていることを述べていますが、聞き手が「人が掃除している場合は手伝ってあげるのが普通であるので、手伝わずテレビを見ているメアリーの行動はけしからん」と判断・推論した場合、「〜のに」といった逆説・譲歩の文脈的な意味が生じます。こうした聞き手によって文脈から推測された言外の意味（**含意**［implicature］と呼ばれる）は、最初はその場限りの一時的なものだったかもしれませんが、次第にそれが慣習化された結果、while の慣習的意味となったと考えられます。while の接続詞用法の歴史を調べてみると、「〜している

第 4 章 quite a few はなぜ「たくさん」？

間」の意味は12世紀から見られますが、逆説・譲歩の意味は大分遅れて16世紀末以降になっています。このように、言語表現がある文脈内でもっていた一時的な解釈が時とともに定着し、その表現の慣習的意味となることを「**語用論的強化**」（pragmatic strengthening）と呼びます。

聞き手の推論が語の意味変化に関わっているほかの例として、次の 2 つの文を wear という動詞の意味に注目して比較してみましょう。

As she is a person of fashion, Beth is looking for a dress that is much *worn*.

As she is a person of recycling, Lucy is looking for a dress that is much *worn*.

最初の文では、ベスは流行を追う人なので、a dress that is much worn「よく着られている服、流行の服」を探しているという意味です。一方、2 つ目の文では、ルーシーはリサイクルに熱心なようですから、彼女が求めているのは最新のファッションではなさそうです。2 つ目の文を聞いた人は、衣服は何度も着ると古びてくるという推論を働かせて、a dress that is much worn は「何度も着られた服、着古された服」の意味にとるでしょう。聞き手は、「着る」と「着古す」という因果関係にある 2 つの意味の一方から他方を推論することによって、2 つ目の文に整合性のある意味解釈を与えることができるのです。因果関係にある 2 つの意味の間で意味の転用がおこることは第 3 章でも

見ました。なお、wear は古英語から「着る」の意味で使われていますが、「着古す」という意味はそれより遅く13世紀後半以降 wear の意味として定着しています。

　推論は聞き手の日常経験に基づく知識に依存している場合もあります。たとえば、少し意味深な以下の文を見てください。

> In the early days of their marriage her husband received a *valentine* from a secret admirer every year.
> 結婚当初、彼女の夫は毎年密かに彼を思う人からバレンタインのカードをもらっていた。

　この文（とりわけ valentine）の意味を理解するにあたり、欧米に関する文化的な知識が必要となります。つまり、西洋ではローマの殉教者聖ヴァレンティヌス（バレンタイン）を記念して2月14日に恋人や友人にカードを送る習慣があります。この文を理解するにあたってはこうしたバレンタインデーに関する知識（フレーム［frame］とも呼ばれる）を援用し、valentine を「バレンタインデーに送られるカード」と理解するのです。また、Who is your valentine? という文の意味をとる場合も、聞き手はバレンタインデーのフレームを参照し、そこから valentine の意味（バレンタインデーにカードを送る恋人・友人）を引き出すことになります。valentine（原義は「聖バレンタイン」）がバレンタインデーのフレームにおいて密接に関連し合っている「恋人・友人に送るカード」や「恋人」に転用されるのはメトニミーに基づいています。

バレンタインの習慣は、近年日本でも定着していますが、おもにチョコを贈ることやそのお返しをするホワイトデーは日本的な習慣のようです。「本命からバレンタインをもらった！」という文から、「バレンタイン」は「（バレンタインの日に女の子からもらう）チョコレート」を指すと推測できますが、これは日本におけるバレンタインデーのフレームの中には「（贈り物としての）チョコレート」が含まれているからです。

III 言語に関わる要因

語彙体系の変化

大学での成績評価は、合格点の場合は伝統的には「優」、「良」、「可」（あるいはA, B, C）の3段階が多かったようですが、最近は「秀」、「優」、「良」、「可」の4段階も増えてきているようです（最上位の成績の名称は大学によって異なります）。こうした場合、おなじ「優」、「良」、「可」であっても3段階評価の場合と、「秀」が加わった4段階の場合とではそれぞれの意味（価値）が異なってきます。

同様に、語彙体系においてもある語が新規に加わると、その体系を構成しているほかの構成員に変化がおこることがあります。古英語では、「動物」を表す語としては、neten（廃語）と現代英語の deer に対応する deor が用いられていました。中英語期になると古フランス語（OF）から beast が借用され、この語が「動物」一般を表すようになります。一方で、本来語の neten は廃用になり、deer の意味も変化し「鹿」に限定されるようになります。14世

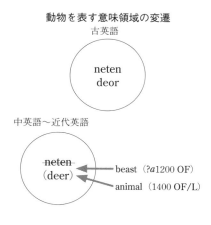

紀末に animal が古フランス語（またはラテン語［L］）から借用されますが、そのことによってさらに「動物」を表す語彙体系に変化がおこります。当初、animal は「（植物に対して）動物」の意味で用いられ、1611年刊行の『欽定訳聖書』(The Authorized Version) では、「（人間と区別して）動物」の意味では beast が使われています。しかし、1600年前後から次第に animal が「（人間と区別して）動物」を意味するようになり、一方 beast は「獣（大型の獰猛な動物）、四足獣」に限定されるようになりました。

　語彙体系の変化は、外来語の借用だけでなく、本来語の意味変化を契機としておこる場合もあります。古英語以来の meat はもともと「食べ物」一般を指して使われていましたが、14世紀末頃から「食肉」という限定された意味で用いられるようになりました（現代英語でも、原義は meat and drink［食べ物と飲み物；何よりの楽しみ］や One man's meat is another man's poison.［ある人の食べ物は別の人の毒となる；人によって好みは異なる］などの成句・ことわざに残っています）。meat の意味変化は flesh という語の意味に影響を与えました。flesh はもともと「（人間・動物の）肉」

第4章 quite a few はなぜ「たくさん」？

や「食肉」の両方を指しましたが、meat が「食肉」という意味に特化されるにしたがって、flesh の意味は前者の意味に限定されるようになりました。

英語史において、語彙体系のなかでどのような栄枯盛衰があったかということは、第6章でまた詳しく論じます。

語形の類似

日常のコミュニケーションでは、しばしば次のような言い間違いがおこります。

Do you know any amusing *antidotes* about his brief career as an actor?
Where is the fire *distinguisher*?

最初の文は、Do you know any amusing *anecdotes* about his brief career as an actor?（彼は短い期間役者であったことがあるけど、そのときの面白い逸話を知っていますか）と言おうとして、anecdotes（逸話）を antidotes（解毒剤）と言い間違えたものです。2つ目の文では、Where is the fire *extinguisher*?（消火器はどこですか）と言おうとして、extinguisher の代わりに distinguisher（区別する人・もの）と言ってしまったものです。正しい形と言い間違えた言葉は、語形が類似しているのに注意してください。こうした言い間違えは、「マラプロピズム」（malapropism）と呼ばれることがあります。この種の言い間違いが言語を問わず多く見られることから、語形の似ている語は人間の頭の中で一緒にグループ化されて記憶されていると考えられていま

> ### Promenade───マラプロピズム
>
> マラプロピズムという表現の由来は、リチャード・ブリンズリー・シェリダン（Richard Brinsley Sheridan, 1751 – 1816）の喜劇『恋がたき』（*The Rivals*）に登場するマラプロップ夫人（Mrs. Malaprop）に由来します。この老婦人は頑固な気取りやで、始終言葉の言い間違いをする人です。たとえば、He is the very pinnacle of politeness.（彼はまさに礼儀正しさの極みですわ）と言うべきところを、pinnacle（極み）を pineapple（パイナップル）と言い間違え、He is the very *pineapple* of politeness.（彼はまさに礼儀正しさのパイナップルですわ）と意味不明なことを言ったりします。ちなみに、マラプロップ夫人の名前の語源はフランス語の mal à propos（的外れの）です。
>
> ところで、言い間違いの例では、*pin*nacle と言うべきところを *pin*eapple と言ってしまったり、*an*ecdotes（逸話）を *an*tidotes（解毒剤）と言い間違えたりするなど、間違えた語は正しい語としばしば語頭・語末が類似しています。オックスフォード大学名誉教授で言語学者のジーン・エイチソン（Jean Aitchison, 1938 –）は、人は語の中央部よりも語頭と語末をよく記憶していると考えています。エイチソンは、人が浴槽につかっているとき頭と足の先が出ていることから、こうした言い間違いや語の記憶に関する傾向を「浴槽効果」（bathtub effect）と呼んでいます。

す。

　語形の似た語は互いに意味の面でも影響を与え合うことがあります。たとえば、ある語の意味がたまたまそれと形が似た語との連想によって変化する場合があります。bless はしばしば God bless you.（神の恵みがあなたにありますように）のように「（神が）至福を恵む」の意味で用い

られます(なお、God bless you. は人がくしゃみをしたときに「お大事に」という意味でも使われます)。しかし、この語の原義は「生贄(いけにえ)の血でしるす、清める」で、語源的には blood と関連があります。bless が「至福を恵む」という意味になったのは、語形の似た bliss(この上ない喜び、天上の至福)と混同されたためです。

日本語の「にやける」という表現は、2011年度の文化庁の調査によると語源的に正しい意味、つまり「なよなよとしている」という意味で使う人は1割強にすぎないのに対して、7割半ば以上の人が「薄笑いを浮かべている」という「間違った」解釈をしているとのことです。「にやける」は本来「若気(にやけ)」の動詞形で、「若気」は鎌倉・室町時代は男色を売る若衆を指す語でしたが、おそらく「にやにや」との連想で「薄笑いを浮かべている」という意味に解釈されるようになったと考えられます。このように、語形のよく似ている語になぞらえて新たな意味付け(語源解釈)をすることを「**民間語源**」(folk etymology)と言います。

「にやける」の意味

(ア) なよなよとしている	14.7%
(イ) 薄笑いを浮かべている	76.5%
(ア)と(イ)の両方	3.0%
(ア)、(イ)とは全く別の意味	3.0%
分からない	2.8%

文化庁「平成23年度国語に関する世論調査」より

ところで、谷川俊太郎（1931-）の言葉遊び詩(うた)に「かえる」という作品があります。

　　　かえるかえるは　みちまちがえる
　　　むかえるかえるは　ひっくりかえる
　　　きのぼりがえるは　きをとりかえる
　　　とのさまがえるは　かえるもかえる
　　　かあさんがえるは　こがえるかかえる
　　　とうさんがえる　いつかえる

　この詩では、意味・語源上関連はないが語形の似ている語が並べてあります。私たちはおそらく普段は「カエル」、「帰る」、「見違える」、「迎える」、「ひっくり返る」、「取り代える」、「かかえる」の間につながりを感じることはないと思いますが、この詩は私たちが素朴にもっている感覚─語形が似ている語は意味も似ているのではないか─を呼び覚ましてくれます。筆者も谷川さんのこの詩を読んで以来、「ひっくり返る」という言葉を聞くとなぜか仰向けにひっくり返ったカエルのイメージが浮かんできます。

意味の伝染

　ある語がそれとよくセットで使われる語から、意味をもらい受け意味変化する場合があります。アメリカ英語では、「秋」を fall と言うことがありますが（イギリス英語では autumn）、fall はもともと名詞では「落下」の意味です。fall の意味が「落下」から「秋」へ変化したのはなぜでしょうか。後者の意味で用いられるようになったのは16世紀

第 4 章　quite a few はなぜ「たくさん」?

半ばからですが、当初は fall of the leaf（葉が落ちる［季節］、秋）という形で用いられました。しかし、その後 of the leaf の部分が省略され、その意味がいわば fall に移り、fall 単独で「葉が落ちる季節、秋」を意味するようになりました。こうした意味変化では、省略された語句の意味が残った隣接の語にいわば「伝染する」ので、「**意味の伝染**」（contagion）と呼ばれることがあります。

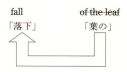

　propose「提案する」が「結婚を申し込む」を意味するようになったのも、propose marriage「結婚のことを言い出す」において propose が目的語の意味を吸収し、さらに目的語が省略されたことによります。camera という語でも意味の伝染がおこっています。この語は 17 世紀初めにラテン語から借用されましたが、当初はラテン語 camera に倣って「部屋」を意味していました（したがって、camera は chamber［部屋］と同語源となります）。発明された当初のカメラは、1 つの面にレンズを取り付けた暗箱の形をしていたので、camera obscura（暗い部屋）と呼ばれていました。その後、obscura の「暗い」の意味が camera に伝染し、19 世紀前半から camera 単独で「暗室、カメラ」を表すようになりました。

第 5 章

❖

you は多義語
―機能語の多様な意味を繋ぐ―

これまでの章では、多義語の異なる意味がどのように関連しているのか、また語の意味がどのように、またなぜ変化するのかといった問題を考えてきました。そこでおもに対象にしたのは、名詞・動詞・形容詞といったいわゆる「**内容語**」（content word）の意味でした。この章では、前置詞・代名詞・助動詞など文法的な役割を担っている「**機能語**」（function word）の意味の問題を考えていきたいと思います。

前置詞 of の多様な意味
　まずは、英和辞典における前置詞 of の意味記述を見てみましょう。

of　1　a）［所有］［A of B's］B の A、B の所有している A
　　　b）［所属］［A of B］B の A、B に属する A
　　2　［部分］［A of B］B（の中）の A
　　3　［同格］［the A of B］B という A、A（の）B
　　4　［関連］〜について（の）、〜に関して（の）
　　5　［自動詞・他動詞の主語に相当］［A of B］B が A すること
　　6　［他動詞の目的語に相当］［A of B］B を A すること
　　7　［分離・剥奪・隔たり］〜から（離れて）
　　8　［出所・根源］〜出の、〜から
　　9　［原因・理由・動機］〜のため

10 ［材料・構成要素］〜で作った、〜から成る
……

(『ジーニアス英和辞典第5版』、一部変更)

　ofの意味の多さに驚かれた方もいるかと思いますが、一般に内容語とは異なり機能語は、それが表す文法的意味は数多くあるにもかかわらず数が限られているので、多義的であるのは機能語の宿命と言ってもよいかもしれません。

　さて、ofの数多ある意味・用法のなかでも、現代英語で中心的なものは、the legs of a chair（椅子の脚）や the room of my brothers（兄弟たちの部屋）のような「所属・所有」の意味であると言ってよいかと思います。a member of the baseball team（野球のチームのメンバーの一人）に見られる「部分」を表す用法も、部分（a member）は全体（the baseball team）に所属していることを考えると、「所属・所有」の用法の一部と見なせます。また、all of us（私たち全員）も全体（us）と部分（all）がたまたま同一（つまり同格関係）になっていると見なすことができます。

　Jesus of Nazareth（ナザレ出身のイエス）ではofは「出所・根源」を表しますが、出身地は人がもともと帰属していた場所なので「所属・所有」の用法の拡張と考えることができます。die of hunger（餓死する）のofは「原因」を意味しますが、原因をある出来事の起源と見なせば「出所・根源」の用法の延長と言えます。a house of brick（レンガの家）ではofは「材料」を表していますが、レンガは家の基をなしているので「出所・根源」と結びつきます。

stories of adventure（冒険についての話）の of は「関連用法」と分類されることが多いですが、冒険が話の素材であると考えれば「材料」の用法と類似していると言えます。

the writings of Shakespeare（シェイクスピアが書いた作品）や the writing of a letter（手紙を書くこと）では of はそれぞれ「主格」と「目的格」といった文法関係を示す用法ですが、前者はシェイクスピアが作品を生み出した源と考えれば「出所・根源」の用法と結びつきます。一方、後者は書くという行為と手紙は関連性が深いので「関連」の用法の拡張と考えられます。

clear the street of snow（通りを除雪する）や deprive someone of his/her right（人から権利を剥奪する）では of は「分離・剥奪」を表しますが、この意味は「所属・所有」の意味とは大分隔たりがあると思われるかもしれません。しかし、たとえば、ある人から権利が剥奪される前は、権利はその人が所有していたと考えると２つの概念は、意味的に近い関係にあることがわかります。このように「所属・所有」と「分離・剥奪」は、いわば表裏の関係にある概念なので、一方から他方への転用がおこったとしても不思議でありません。

英語の歴史を遡ってみると、of の原義は「分離・剥奪」であり、古英語では of が「所属・所有」を表す前置詞として用いられるのは比較的まれでした（当時は語尾変化によって「所属・所有」を表すのが一般的）。実は、of は「分離・剥奪・隔たり」を意味する off（〜から離れて）ともともと同じ語でしたが、17世紀以降前置詞のほうは of、副詞・形容詞のほうは off のように区別されるようになりま

した。
　以下では、さまざまな機能語の多義性について、それがどのように生じたのか、異なる意味・用法がどのように関連し合っているのかという問題を詳しく見ていきたいと思います。

you は多義語

　現代英語では1人称代名詞（I / we）、3人称代名詞（he, she, it / they）、指示代名詞（this / these, that / those）に関して単数・複数の区別がありますが、2人称の you は「あなた」でも「あなたたち」のどちらの場合でも同じ語形を使います。さらに、ほかの人称代名詞では、it を除くと I / me, he / him, she / her, they / them のように主格と目的格が区別されていますが、you は「あなた（たち）が」と「あなた（たち）に／を」のどちらの意味にもなります。

　　多義的な you　1　［主格・単数］あなたは［が］
　　　　　　　　　2　［目的格・単数］あなたを［に］
　　　　　　　　　3　［主格・複数］あなたたちは［が］
　　　　　　　　　4　［目的格・複数］あなたたちを［に］

　このように英語の2人称代名詞の you が多義的であるのには歴史的な理由があります。まずは、英語の2人称代名詞が歴史的にどのように発達してきたかを概観してみましょう。英語を歴史的に遡ってみると、実はもともと英語の2人称代名詞にも単数形と複数形があったことがわかります。2人称代名詞の歴史的変遷を示した表を見てくださ

2人称代名詞の史的変化

	古英語 (450-1100)	中英語 (1100-1500)	近代英語 (1500-1900)	現代英語 (1900-)
「単数」				
主格	þu	þ(o)u, thou, ye	thou, ye, you	you
属格	þin	þi(n), thi(n), your	thy, thine, your	your
与格(〜に)	þe	þe, thee, yow	thee, you	you
対格(〜を)	þe	þe, thee, yow	thee, you	you
「複数」				
主格	ge	ye	ye, you	you
属格	eower	your	your	your
与格(〜に)	eow	yow	you	you
対格(〜を)	eow	yow	you	you

い。古英語では2人称単数と複数に対して異なる形が用いられています。単数主格はþu /θuː/ で、見慣れない語頭の文字þはthornと呼ばれ、現代英語のthに対応します。複数主格はgeという形で、/jeː/ と発音します。ところが、中英語期以降、複数形も本来の単数形とともに1人の相手に対しても使われるようになっていきます。そして、現代英語では、本来複数形であったものが単数形に取って代わって用いられるようになり、事実上2人称代名詞において単複の区別がなくなりました。

　2人称複数代名詞の主格はもともとye（＝ge）で目的格〔対格・与格〕とは形が違っていたことにも注意してください。英語では本来目的格であったyouがyeに取って

代わり主格でも使われるようになったため、ほかの人称代名詞とは異なり、主格と目的格の形態的な差異が失われたのです。ye が you にいわば吸収されたのは、ひとつには両語はアクセントがない場合同じように /jə/ と発音されたためと考えられます。また It's me.（私です）や John and me are leaving.（ジョンと僕は帰るよ）のように目的格が主格に代わって用いられることは決して珍しいことではありません。

さて、そもそも2人称複数代名詞が単数で用いられるようになったのはなぜでしょうか。中英語から初期近代英語にかけて相手に対して敬意を表すために、2人称複数形を単数の相手に用いることがありました。この用法は、「**尊敬の複数**」（plural of respect）と呼ばれます。たとえばシェイクスピアが活躍していた16世紀後半から17世紀初めにかけて、英語では本来2人称複数形である ye/you を**敬称**として、身分の低い人が高い人に対して、子が親に対して、見知らぬ人同士の間で用いていました。一方、本来の2人称単数形である thou は**親称**として、身分の高い人が低い人に対して、親が子に対して、友人・恋人同士の間で用いられていました。こうした用法は、現代フランス語の tu（親称）・vous（敬称）や現代ドイツ語の du（親称）・Sie（敬称）にも見られます。

ここで、2人称単数代名詞の敬称と親称の使い分けの具体例として、シェイクスピアの『ハムレット』（1幕2場 87-89, 115-120）の一節を見てみましょう。デンマークの王子ハムレットは、新王の戴冠式に参列するため留学先からデンマーク宮廷に戻っています。ハムレットは先王であ

る父が死んで暗い表情をしていますが、王位に就いた叔父クローディウス（King Claudius）と叔父と再婚した母ガートルード（Queen Gertrude）はハムレットに対して悲しむのをやめ、デンマークの宮廷に残るように言います。2人称単数代名詞は斜体にしてあります。

> King Claudius: 'Tis sweet and commendable in *your* nature, Hamlet,
> To give these mourning duties to *your* father.
> But *you* must know *your* Father lost a father.
> ＊　＊　＊　＊
> And we beseech *you* bend *you* to remain
> Here in the cheer and comfort of our eye,
> Our chiefest courtier, cousin, and our son.
> Queen Gertrude: Let not *thy* mother lose her prayers, Hamlet,
> I pray *thee* stay with us, go not to Wittenberg.
> Hamlet: I shall in all my best obey *you*, madam.
> **クローディウス**：ハムレットよ、このように亡くなった父を哀悼することはあなたの気持ちの優しさが見てとれ、感心なことだ。しかし、あなたの父も父をなくしたということを憶えておきなさい。
> ＊　＊　＊　＊
> どうか私と王妃のもとにとどまり、私たちの喜びと慰めになってくれ、私たちの臣下、甥、息子よ。
> **ガートルード**：ハムレットよ、母の願いが無にならないようにしておくれ。私たちのもとにとどまり、ウィッテンバーグへは行かないで。

ハムレット：母上様、できるだけあなたのお言葉に沿うようにいたしましょう。

　母であるガートルードは息子ハムレットへ親称の thy, thee を用いていますが、ハムレットは母に対しては敬称の you を用いています。一方、普通父親から息子に対しては親称が用いられますが、叔父で継父であるクローディウスはハムレットに対して丁寧な敬称 (you, your) を用いています。これはクローディウスがハムレットに対して距離を置いているためと思われます。日本語でも、たとえば、夜遅く帰宅した夫が妻から「ご主人さま、お帰りが遅いこと」と丁重な調子で言われたら、夫は妻のよそよそしい態度に居心地の悪さを感じることでしょう。
　近代英語以降、次第に単数 ye/you が敬意の意味を失っていき、一般的な2人称単数代名詞として用いられるようになります。また、本来の主格形の ye も you に置き換えられていきます。一方、単数形の thou は古めかしい言い方として避けられるようになり衰退していきます。その結果、英語からは「あなた」と「あなたがた」という単複の区別が失われ、you は単複同形として主格にも目的格にも用いられる多義的な代名詞となったのです。

過去形は「過去」だけを表すのではない
　英語を勉強し始めてほどなくして動詞の過去形を習いますが、過去形は「過去」だけを表すのではありません。

He *broke* his leg a week ago.

彼は1週間前に脚を骨折した。

If I *were* you, I *would* accept this offer.
もし私が君なら、この申し出を受け入れるよ。

I *was* wondering if you *could* babysit for us on Saturday.
土曜日にベビーシッターをしていただけますでしょうか。

　最初の文では、過去形の broke は過去におこったことを表していますが、2番目と3番目の文では過去形（were, would, was, could）は過去の出来事を表してはいません。2番目の文は、いわゆる仮定法で、現実とは違う状況を想定しています。こうした場合過去形が用いられるのは、過去時制を用いることで現実との距離を置くことができるからだと考えられます。He was ill yesterday but he is now well.（彼は昨日は具合が悪かったが今は元気です）のように、過去の状態はしばしば現在では解消されていますので、現況と反する場合に過去形を用いるのはある意味至極自然であると言えます。

　3番目の文は、I *am* wondering if you *can* babysit for us on Saturday. よりは丁寧な感じになります（日本語でも「これでよろしいでしょうか」と言うよりも、過去形を使った「これでよろしかったでしょうか」と言うほうが丁重な感じがします）。一般に、コミュニケーションの場面で相手に対して丁寧に対応したい場合、相手の人やその状況を直接指す言葉を避ける方策がしばしばとられます。先ほど、英語の2人称の代名詞でかつて複数形が単数の相手に対する敬称と

して用いられたと述べましたが、複数形が単数の相手に対して丁寧な表現となるのは、複数形を使うとあたかも複数の人に向かって話しかけているようになり相手への直示を避けることができるからです。それと同様に、I *was* wondering if you *could* babysit for us on Saturday. のように過去形を用いるほうが丁重な言い方になるのは、過去形を用いることで相手とのコミュニケーションが行われている状況と時間的に距離をとることができ間接性が増すためです。

have の多義性

have は I have a book under my arm.（私は本を腕でかかえて持っている）のように本動詞として用いられますが、その一方でほかのさまざまな用法ももっています。

I *have* finished my homework.
宿題を終えた。

I *had* my watch repaired.
時計を直してもらった。

I *had* my watch stolen.
時計を盗まれた。

最初の例では、have は完了の助動詞として用いられています。2番目と3番目の文では、have はそれぞれ「(人に) 〜してもらう／(人に) 〜させる」の使役の用法、「〜

された」という受身の用法で用いられています。本動詞として「持っている」という意味と完了・使役・受身の用法との間にすぐに関連性を見いだすのは難しいかもしれません。本動詞の have と完了・使役・受身の have は同音異義語であると思っている方がいたとしても何も不思議はありません。しかし、have の歴史を繙(ひもと)くと、完了・使役・受身の用法は本動詞から発達してきたこと、また完了・使役・受身といった多岐にわたる用法も互いに関連があることがわかります。have は本動詞としてもさまざまな意味を表しますが、多様な文法的な意味も包含する多義語なのです。

　古英語では、本動詞の have は以下のような構文でしばしば用いられました。便宜上、古英語の例文は現代英語に置き換えてあります。

I have a book read.

　この例では、have は本動詞であり、目的語である a book を伴っています。文末にある過去分詞 read は形容詞的に book を後から修飾しています。したがって、この文の意味はおおよそ「私は読んだ本を持っている」となります。

　この文を聞いた人（あるいは読んだ人）は、次のような2つの推論を働かせるかもしれません。ひとつは「読んだ本を持っている」ということは、それに時間的に先行する行為（「私が本を読み終えた」）があったという推測です。もうひとつは、「読んだ本を持っている」に先行して「誰

かほかの人に本を読んでもらった／読ませた」という行為があったという推論も可能です。

最初の推論からは、完了の意味が生じます。現代英語では、完了用法で「have＋過去分詞＋目的語」の語順になりますが、これは過去分詞 read をその行為を行った主体（つまり文の主語の I）の近くに配置したほうが意味と形式（語順）の関係がより緊密になるためです。言語では、一般的に意味上結びつきの近い語は言語表現上も近くに配置される傾向が見られます。たとえば、She *secretly* decided to leave the country.（彼女はその国を出て行くことを密かに決めた）と She decided to leave the country *secretly*.（彼女はその国を密かに出て行くことを決めた）では副詞の secretly はそれぞれ位置的に近い動詞（decided, leave）を修飾しています。

2つ目の推論からは、I have a book read.（本を読ませる；読んでもらう）という使役用法が生じます。さらに、have の主語が過去分詞で表されている動詞の動作によって迷惑・被害を受けるときは I had my watch stolen. のように「～される」のような受身の意味が生まれます。

「持っている」のように語彙的な意味をもつ内容語が、完了・使役・受身のような文法的意味をもつ機能語になっていく言語変化は「**文法化**」（grammaticalization）と呼ばれます。

助動詞 do の史的発達

助動詞 do は、Does she speak Japanese?（彼女は日本語を話しますか）、They didn't go to London.（彼らはロンドン

に行かなかった）のように一般動詞とともに用いて疑問文・否定文を作る働きがありますが、それ自体は意味をもっていません（ただし、does, did はそれぞれ人称と時制の情報は担っています）。こうした do を「迂言の do」(periphrastic *do*) と呼ぶことがあります。一方、do は本動詞として用いられる場合は「する」などさまざまな意味を表します。本動詞としての do の中心義である「する」とその助動詞用法とはどのような繋がりがあるのでしょうか。

　古英語では do（当時の形は don）には「する」という意味と並んで「させる」という使役の意味（17世紀初めで廃義）がありました。後者はたとえば I did him clean my room.（私は彼に私の部屋を掃除させた）のように目的語と不定詞を伴った構文で用いられました（例文は現代英語に置き換えてあります）。そして、古英語・中英語期においてはこうした使役構文ではしばしば不定詞の主語（被使役主）が省略され、I did clean my room. のような文が用いられました。被使役主が省略された文においては、曖昧性が生じます。つまり、I did clean my room. に対して、「私が誰かに私の部屋を掃除させた」という本来の使役的な意味のほかに、「私が直接自分で部屋を掃除した」という解釈も可能になります。後者の解釈ですと、do の意味はゼロに等しくなり、ここから迂言の do の用法が生じたと考えられます。

　I did clean my room.（= I cleaned my room.）

　このような肯定平叙文において生じた迂言の do がどの

第 5 章　you は多義語

ように疑問文、否定文に拡がっていき、現代英語のように助動詞としての do が確立したのでしょうか。

　使役の意味を失った do は英語から消えてなくなったとしても不思議ではありませんでした。実際、1611年に初めての本格的な英語辞典を編纂したサミュエル・ジョンソン (Samuel Johnson, 1709-84) は、その辞典の冒頭でこのような do の用法を批判して次のように記しています。

> *do* is sometimes used superflously, as, *I do love, I did love* . . . : but this is considered a vitious mode of speech
> do はときどき I do love, I did love のように必要もないのに使われることがあるが、これは非難されるべき誤った語法である。

　しかし、迂言の do は過去と現在が同形の動詞の時制を明示する手段として有用でした。1611年刊行の『欽定訳聖書』の福音書においては eat の過去形としては did eat しか用いられていません。これは当時の英語では、eat は現在形でも過去形でも発音は /ɛːt/ となり区別が難しかったためと考えられます。下は有名な「最後の晩餐」(「マルコ伝」14章18節) の一節を『欽定訳聖書』から引用したものですが、eat は現在形 (eateth; eat の古い三人称単数形) では単独で用いられていますが、過去形では did を伴っています。

> And as they sate, and *did eat*, Iesus said, "Verily I say vnto you, one of you which *eateth* with me, shall betray mee."
> 一同が席に着いて食事をしているとき、イエスは言われた。「はっ

きり言っておくが、あなたがたのうちの一人で、わたしと一緒に食事をしている者が、わたしを裏切ろうとしている。」(新共同訳)

　また、韻文では詩行の音節数を整えたりする韻律的な手段として用いられることもありました。以下は、『ハムレット』(1幕2場216-217) からの一節です。シェイクスピアの作品の多くは韻文で書かれていますが、詩行は弱音節 (強勢のない音節) と強音節 (強勢のある音節) を組み合わせた弱強のリズムが5回繰り返されるのが基本です。こうした詩行のリズムを「弱強5歩脚」(iambic pentameter) と呼びます。下の例の最初の行では、did があることで10音節からなる詩行は弱強のリズムを形成しています。×は弱音節、/は強音節を表します。

　　× / × / ×   /   × / ×   /
　It lifted up it[s] head and *did* address
　Itself to motion like as it would speak.
　それ［ハムレットの父の亡霊］は頭をもちあげ、あたかも話しかけようとするかのように身体を動かしました。

　このようにそれ自体は意味をもたない do は細々とではありましたが、存続していきます。16世紀以降になると迂言の do は新たな働き場所を得ることになりますが、その「転職」の過程を見ていきましょう。
　英語の疑問文では、もともと助動詞だけでなく一般動詞も主語と動詞を倒置させました。

　Read you the book?

第 5 章　you は多義語

その本を読みましたか。

　しかし、do を用いた疑問文も用いられるようになり、16世紀中頃以降は、do を用いない単純形を上回るようになります。疑問文における do の増加は16世紀中頃の英語に見られた語順の変化と関連しています。つまり、この時期に主語（S）と動詞（V）の語順倒置（VS(O)）が、助動詞や come や go など一部の自動詞を除き少なくなります（O は目的語）。その結果、疑問文を形成するときにも主語と動詞の倒置を避けるため do が有用になりました。Read you the book? では VSO の語順ですが、do を用いると Did you read the book?（*do* SVO）となり、SVO の語順が維持できます。

　一方、否定文の場合、初期近代英語の頃は動詞の後に not をおくのが一般的でしたが、do を用いた否定文も次第に増えてきて17世紀後半になると do を用いない否定文と拮抗するようになります。否定文における do の文法化には、疑問文の場合と同様、16世紀中頃の英語に見られた語順に関する変化が関わっています。つまり、とくに他動詞において SVO の語順が一般的になった結果、動詞（V）と目的語（O）の結びつきが強まりました。そのため、否定の副詞によって動詞と目的語を分断してしまう You read not the book.（V *not* O）よりも動詞と目的語の隣接を可能にする You did not read the book.（*do not* VO）のほうが好まれるようになりました。

can, may, must の文法化

助動詞の have や do はそれぞれ本動詞用法から発達したものですが、実は can, may, must ももともとは本動詞であったものが助動詞として文法化したものです。ただし、have や do と違い、現代英語では can, may, must が本動詞として用いられることはありません。

能力・可能を表す助動詞 can は本来「知る」という意味の本動詞でした。can は古英語から14世紀末のジェフリー・チョーサー（Geoffrey Chaucer, 1340?-1400）の頃まで本動詞の用法が数多く残っていました。以下の例は、チョーサーの『カンタベリー物語』（*The Canterbury Tales*）の「粉屋の話」（I（A）3126）からの引用ですが、can は目的語（a noble tale 上品な話）をとる他動詞として用いられています。

> I *can* a noble tale for the nones.
> 俺だって上品な話の一つぐらいは知っているさ。

ちなみに、現代英語の cunning の原義は「知識のある」で、動詞用法の can（古英語の形は cunnan）と同語源です。cunning はその後意味が下落して「ずる賢い、ずるい」を意味するようになっています。

can の本動詞の意味と文法化（助動詞化）されて獲得した新たな意味・機能の間の関係は恣意的ではありません。I can swim. はもともと「私は泳ぎ方を知っている」といった意味でしたが、泳ぎ方を知っている人は普通、泳ぐ能力があると推論できますので、そこから「私は泳げる」と

いう能力・可能の意味が生じました。

　一方、現代英語で許可を表す may（古英語の形は magan）は、if I may（もし私に力があるのなら）などの慣用表現で古英語から17世紀初めまで「強い、力がある」という意味の本動詞としても用いられました。may の助動詞としての当初の意味は能力・可能であり、その原義（「力がある」）との関係は容易に見てとれます。なお、may の本来の意味「強い、力がある」は、現代英語でもその派生語 might（能力、力）、mighty（力のある）、main（肉体的な力；with/by might and main 全力で）に見られます。may は、古英語ではすでに大部分の例において能力・可能の意味を表す助動詞として用いられています。

　最後に、must は語源的には「余裕・余地がある」という意味の本動詞に由来しますが、古英語の段階ではほとんど助動詞化が済んでいます。現代英語と異なり古英語の頃、must はおもに許可を表しましたが、原義である「余裕・余地がある」から「(相手に〜させる) 余裕がある」という意味を経て「〜してよい」という許可の意味に転じたと考えられます。must は古英語の motan に遡れます（より厳密に言うと、motan の過去形 moste によります）。must（= moste）の現在用法は仮定法過去形として現在の事実と異なる仮定をする用法に由来し、15世紀の間に本来の現在形 mote に取って代わりました。このように現代英語の助動詞 can, may, must はいずれも本来は本動詞であったものが文法化されて助動詞になったものです。

can, may, must の連鎖的意味変化

can, may, must は助動詞となった後も、興味深い意味変化を見せています。まず、可能・能力を表す助動詞である can は19世紀末頃から、You can smoke here.（ここでたばこを吸ってもよい）のように「許可」の意味ももつようになりました。なお、能力・可能の意味から許可の意味への変化は、日本語でも「ここでたばこを吸うことはで̇き̇ま̇す̇か̇」という能力・可能表現が許可を求めるときに使われる場合に見られます。

現代英語では、さらに許可の意味をもつようになった can が時に、You can do these exercises for homework.（これらの練習問題を宿題としてやっておきなさい）のように軽い義務・命令を表すこともあります。can の意味変化をまとめると以下のようになります。ただ、ひとつ注記しておくと、古い意味はすぐに新たな意味に置き換えられてしまうのではなく、両者はしばしば共存しています。したがって、現代英語の can には能力・可能、許可、軽い義務・命令の3つの用法があります。ダガー（†）が付いているのは廃義。

can 「†知っている」→「能力・可能」→「許可」→「軽い義務・命令」

can と同様に、may においても、能力・可能の意味から許可の意味が生じましたが、許可の意味は古英語から見られます。ただし、この意味が中心的になるのは中英語以降です。学校文法などでは、許可を表す場合 may の使用を

奨励していますが、現代英語では許可の may は目上の人が許可を与えるといった高圧的なニュアンスがあり、can のほうが許可を表す助動詞としてより一般的に用いられています（許可を表す助動詞の競合については第6章で詳しくふれます）。

さらに、may は、Alcoholic liquor may be consumed on licensed premises.（アルコール飲料は［酒類販売の］許可を受けた店で飲むべし）に見られるように、法律文書や公文書などで義務・命令の用法で用いられることがあります。

　　may 「†力のある」→「†能力・可能」→「許可」→「義務・命令」

must の義務・命令用法の初例は古英語に遡れますが、古英語の motan はもっぱら許可を表し、義務・命令の用法はまれでした。初期中英語期から義務・命令の意味が徐々に多くなり、チョーサーでは大部分が義務・命令となりますが、まだ許可の例も残っています。15世紀以降、義務・命令用法に収斂され現代英語と同じになります。

　　must 「†空き・余裕がある」→「†許可」→「義務・命令」

以上、3つの助動詞の歴史的発達について意味を中心に見てきましたが、この3つの助動詞の意味変化をまとめてみましょう。もともと許可を意味していた must（motan）は義務・命令のほうに意味をシフトさせました。一方、許可の意味は、古英語の頃、能力・可能を意味していた may が表すようになります。能力・可能の意味のほうは、

能力・可能、許可、義務・命令を表す助動詞の史的変遷

	古英語	中英語	近代・現代英語
能力・可能	may (can)	(may) can	can
許可	mote / must (may)	(mote / must) may	may can
義務・命令	(mote / must)	mote / must	must may can

括弧付きのものはその用法が、未発達または衰退したこと示す。便宜上、古英語・中英語の欄でも現代英語形を用いる。

本来「知る」を意味し本動詞であった can が助動詞化して担うようになります。現代英語では、can は、許可の意味も表すようになり、may は許可を表す助動詞の座を奪われつつあります。さらに、許可の意味をもつようになったcan が時に軽い義務・命令を表すこともあります。前に述べたように、may も法令・証文などで義務・命令の意味で用いられることがあります。能力・可能、許可、義務・命令を表す助動詞の史的変遷をまとめると図のようになります。

3つの助動詞の意味の変化には一定の方向が見られます。つまり、能力・可能を表していたものが、次第に許可の意味で使われるようになり、さらに、許可を表す助動詞は義務・命令へと意味をシフトさせていきます。図で言うと、3つの助動詞はいずれも時とともに図の下のほうへ向かって用法を移行させています。助動詞の一連の意味変化に、このような変化の方向性があるのはなぜでしょうか。

can, may, must は、いずれも人に何かを依頼したり要請

したりする場合に用いられることがありますが、相手に何か依頼・要請する場合、丁寧さの度合いの異なるさまざまな表現形式があります。相手に依頼・要請するときに、You must come.（来なければならない）のように、義務・命令を表す助動詞を用いると、相手の意向を無視して何かをさせる—言語学の用語を使うと相手の「**消極的面子**」(negative face) を侵害する—ことになり、丁寧さがもっとも低くなります。

一方、You may come.（来てもよい）のように、許可を表す助動詞を用いると、前もって相手が何かをすることに許可を求めてきたというニュアンスがあり、ある程度相手の意向を尊重した表現で、義務・命令表現を用いるよりは丁寧になります。さらに、Can you come?（来ることができますか）のように能力・可能の表現を用いると、相手がそれをできるかどうかを尋ねるだけなので、さらに一層相手の面子を尊重した丁寧な依頼表現となります。依頼・要請の表現と丁寧さの相関関係を図式化すると図のようになります。

以上を踏まえると、助動詞における一連の意味変化は、依頼・要請の表現において、相手の意向を無視した強い命令口調によって相手の面子を脅かす危険を避けるため、婉曲的な丁寧表現—たとえば命令・義務を表すのに少し穏や

かな許可表現を使う、または許可を表すのに能力・可能表現を使うなど―を代わりに当てたために連鎖的におこったのではないかと推察されます。must は、本来許可を意味し、はじめはおそらく一時的に婉曲な義務・命令表現として用いられましたが、そうした語用論的解釈が慣習化された結果、次第に強い義務・命令を表すようになったと考えられます。

主観化

can, may, must にはそれぞれ能力、許可、義務・命令を表す用法のほかに、can（ありうる；［否定文で］～はずがない）、may（～かもしれない）、must（～に違いない）など、文の内容に対する話し手の確信の度合いを示す用法があります。前者を「**義務的**」（deontic）用法、後者を「**認識様態的**」（epistemic）用法と呼ぶことがあります。このように、can, may, must は話し手の心的態度（「法［mood］」とも呼ばれる）を表すことがあるので、「**法助動詞**」（modal auxiliary）と呼ばれることがあります。

I cannot solve the problem.（能力）
私にはその問題は解けない。
It can't be true.（否定的推量）
それが本当であるはずはない。

You may come in.（許可）
入っていいよ。
You may be right.（可能性）

君の言っていることは正しいかもしれない。

Beth must be home by ten; Mother won't let her stay out any later.（義務）
ベスは10時までに帰宅しなければならない。お母さんは10時以降外出していることを許さない。

Beth must be home already; I see her coat.（必然）
ベスはすでに帰宅しているに違いない。コートがありますから。

　それぞれの法助動詞の２つの用法はどのような意味的な繋がりがあるのでしょうか。It can't be true. の can't も基本的に「能力」の用法の延長と言えます。ただ can't（できない）は文の主語ではなく、話者の推論について言及しています。換言すると、It can't be true. の意味は「私（＝話し手）は、それが本当であると推論・結論できない」（＝ I cannot infer/conclude that it is true.)、すなわち「それが本当であるはずはない」となります。

　You may be right. の may の許可の意味も文の主語ではなく、話者の推論について言及しています（私は君が言っていることが正しいと推論・結論してもよい→君が言っていることは正しいかもしれない）。Beth must be home already. の must についても同様です（私はベスがすでに帰宅していると推論・結論しなければならない→ベスはすでに帰宅しているに違いない）。

　こうした法助動詞の歴史を調べてみると、いずれの法助動詞でも話し手の推論・判断を表す認識様態的用法が客観

法助動詞の意味変化

	1100	1300	1500	1700	1900
can（能力）	--
（推量）				-------------------
may（許可）	-----------------------			
（可能性）		------------------------------------
must（義務）					
（必然）					

的な義務的用法よりも後になって発達しています。このように話し手の主観的な推論や判断が語の意味の中に取り込まれていく傾向を「**主観化**」(subjectification) と言います。

主観化の現象は、本動詞においても見られます。次の 2 つの文における promise の意味を比較してみましょう。

She *promised* him to be there at one.
彼女はそこに 1 時に来ると彼に約束した。

She *promises* to be an outstanding teacher.
彼女は立派な先生になりそうだ。

最初の文では、約束したのは promise の主語である「彼女」ですが、2 つ目の文では約束するのは「彼女」ではなく、言語化されていない「話し手」です。言い換えると、promise の意味は「〜の見込みがある；〜しそうだ」であり、主語の she でなく話者の約束（確信）について言及しています。したがって、2 番目の文を英語で言い換えると、I promise that she will be an outstanding teacher. となりま

す。「約束する」という意味は、(名詞からのゼロ派生で)1430年初例ですが、話し手の約束(確約)の意味は1556年初例となっており、法助動詞と同様、主観的な意味のほうが後になって発達しています。

さらに、次の2つの文における hopefully の意味を比較してみましょう。

"Are you free tonight?" John asked *hopefully*.
「今夜空いている?」とジョンは期待をもって尋ねた。

Hopefully, John will arrive in time.
ジョンが間に合ってくれればよいのだが。

前者は、文の主語である John が希望を抱いている様子を示しています。これに対して後者では hopefully が文の主語の John ではなく話し手の願望を表す用法です。この用法はとくにアメリカ英語において拡がっています。hopefully のこうした用法を正しくないとする人もいますが、このような変化は英語に広く見られる主観化という意味変化の流れのひとつであり次第に定着していくと思われます。なお、hopefully の初例は、1639年以前ですが、話し手の願望を表す意味は、20世紀に入ってからで、1932年初出となっています。

第6章
トイレを表す語彙の変遷
―意味のエコロジー―

意味変化への2つのアプローチ
　多くの英語学習者が日頃参照する英語辞書は、英語の単語がアルファベット順に並んでいてそれぞれの語について意味が記されています。一方、「シソーラス」(thesaurus)という辞書をご存知でしょうか。これは「類義語辞典」とも呼ばれ、特定の意味・概念を表すのにどのような語句が用いられるかを示すものです。英語では『ロジェ類義語辞典』(*Roget's Thesaurus*)が有名ですが、たとえば、この類語辞典で 'Personal emotion' の項目のもとにある 'Joy' を見ると、pleasure, enjoyment, thrill, delight, happiness など「喜び」に関連する語がリストアップされています。最近では、アルファベット順のシソーラスもあり、一見通常の辞書のように見えますが、見出し語の後にはその類義表現が並んでいます。英語では文章を書く際、なるべく同じ表現を繰り返さないほうが洗練された文体と見なされるので、ある概念を表す言葉に変化をつけたいときにシソーラスは大変役立ちます。
　意味の研究をする際も、語がどのような意味をもつかを研究する方法と、ある意味・概念を表すのにどのような表現が用いられるかを研究する方法があります。前者を「意味（変化）論」(semasiology)と呼ぶのに対して、後者を「名義論」(onomasiology)と言います。意味変化の研究においても、これに対応して2つのアプローチが可能です。

第6章　トイレを表す語彙の変遷

ひとつは、語の意味変化の問題を研究するもので、第1章から第5章にかけて個々の英単語の意味変化の問題を見てきました。もうひとつのアプローチは、ある概念・意味領域を表すのに異なる時代でどのような言葉が用いられたのかについて研究するものです。本章では、いくつかの意味領域（「意味の場」[semantic field] とも呼ばれる）を取り上げ、そこで用いられた語彙がどのように変遷していったかを見ていきたいと思います。

さて、girl という語の歴史を遡ってみると、その初出年代は1300年より少し以前となっています。この語の現代英語での中心的意味は「女の子」ですが、girl が英語で使われるようになった頃は「子ども、若者」を指すことができました。たとえば、14世紀の英国の詩人チョーサーは girl を「若い男女」の意味で用いています。チョーサーは girl を「少女」の意味でも用いていますが、本格的にこの意味で使われるようになるのは16世紀からです。なお、girl が初めて文献に現れるのは中英語以降ですが、girl を古英語の gyrela（衣服）と結びつける学者もいます。この場合、

「衣服」→「（子どもの）衣服・晴れ着」
→「（晴れ着を付けた）子ども・若者」→「子ども」
→「少女・若い娘」

という意味変化を想定することになります。「衣服」が「（衣服を着た）子ども」に転用されるのは、「赤帽」や「赤ずきん」と同様に着ているもので着ている人を指すメトニミーによります。また、「子ども」から「少女・若い娘」

への転用は意味の特殊化の例となります。

　ここで次のような疑問が湧いてきます。チョーサーは「少女」を表すのにどのような語彙を用いていたのでしょうか。チョーサーの作品を調べてみると、「少女」の意味でもっとも頻繁に用いられている語は maid で、以下頻度順に maiden, wench と続きます（綴りは現代英語に倣っています）。wench にはいくらか軽蔑的なニュアンスが伴っていたようです。チョーサーは girl をわずか２例しか用いておらず、そのうち１例が「少女」の意味です（もう１例は「若い男女」の意味）。「少女」を表すものとしてはほかに、親しみを込めたメタファー表現である bird も見られます。

　一方、チョーサーよりもおおよそ200年後に活躍したシェイクスピアはどのような語彙を用いて「少女」を表したのでしょうか。シェイクスピアでもっとも一般的なのは、チョーサーと同様に maid です。wench は２番に上がり、チョーサーと異なり悪い意味とは限りません。３番手には girl が躍進し、チョーサーに重用されていた maiden は４番手に下がりました。チョーサーが用いていなかったものとしては、lass（北欧借用語）、damsel（フランス借用語）、Joan（女性名より）が新たに加わっています。このほか「少女」を動物に喩えた bird や vixen（原義：雌ギツネ）といったメタファー表現も見られます。

　興味深いことに、シェイクスピアが活躍していた17世紀初頭に翻訳された『欽定訳聖書』では girl はわずか２例しか見られません。『欽定訳聖書』で「少女」を表すもっとも普通の言葉は damsel です。girl はその頃はまだ口語的な表現で戯曲では用いられましたが、保守的な聖書翻訳で

第6章 トイレを表す語彙の変遷

は避けられたと考えられます。

最後に、19世紀初頭に活躍し、『高慢と偏見』（*Pride and Prejudice*）などの作者として知られる英国の女性小説家ジェーン・オースティン（Jane Austen, 1775-1817）が「少女」を表すのにどのような語彙を用いていたかを見てみましょう。オースティンの用法は現代英語とほぼ同じで、girl が圧倒的に多く、チョーサーやシェイクスピアに重用されていた maid, maiden は激減し、damsel, lass, wench は 1 例も見られません。

このようにある意味領域では、歴史的に構成メンバーの入れ替えがおこり、その「力関係」が変化することがしばしば見られます。「少女」を表す意味領域に関しては、

チョーサーにおける「少女」を表す語彙

シェイクスピアにおける「少女」を表す語彙

オースティンにおける「少女」を表す語彙

語の文字の大きさはおおよそ頻度と比例

Promenade──『OED 歴史シソーラス』

「少女」を表すのに歴史的にどのような英語表現が用いられてきたかについて、チョーサー、シェイクスピア、オースティンなどの作家の用法を比較して見てみました。ある概念が過去のある時代にどのような語で表されていたかという問題は言語の意味研究でも昔から扱われてきましたが、個々の語の意味変化の研究と比べると、史的資料の収集の難しさなどからさほど進展を見せていませんでした。しかし、2009 年にオックスフォード大学出版局から『OED 歴史シソーラス』(*Historical Thesaurus of the Oxford English Dictionary*) が上梓されたことによって、さまざまな概念・事物を表す英語語彙の歴史的変遷を一望することが可能となりました。出版当初は紙媒体の 2 巻本(第 1 巻はシソーラス本体、第 2 巻は索引)でしたが、現在では OED online で利用可能です。

この歴史シソーラスは、元グラスゴー大学教授のマイケル・サミュエルズ(Michael L. Samuels, 1920 - 2010)による企画から 45 年を経て完成したものですが、OED に収録された語彙を意味に基づいて分類し、古英語の語彙に関しては *A Thesaurus of Old English* から補っています。『OED 歴史シソーラス』は、まず 'The external world'(外界)、'The mental world'(心)、'The social world'(社会)の 3 つの大きなセクションに分かれています。そしてそれぞれのセクションは、階層的に細かいカテゴリーに分かれていき、80 万(正確には 797,600)にものぼる語義がおよそ 23 万 6000 のカテゴリーに分類されています。girl は 'The external world' の 'Life' というカテゴリーの中の 'People' の下位項目の中に見つけることができます。'girl' の項目では古英語から現代英語まで、「少女」を表す語として用いられた表現が初出年代の早いものから順に並んでいます。

第6章 トイレを表す語彙の変遷

16世紀以降 girl が本格的に参入・伸張し中核語となる一方、それまで「少女」を表す一般的な語であった maiden, maid, wench などは古風になったり方言形となったりして標準英語からは消えていくことになります。語同士のせめぎ合うこうした意味領域は、生物が生存領域（縄張り）をめぐってしのぎを削る生態系と似ているので、「意味のエコロジー（生態系）」と呼べるかもしれません。

同音異義衝突

第4章で、ある意味領域に属する語彙の構成に変化を生じさせる要因として外来語の借用にふれましたが、ある語がたまたまタブー語と形が似ているためにその語が属する意味領域に変化が生じることもあります。英語では、「ロバ」を表す語として ass が古英語以来用いられてきました。一方、arse（けつ、女性器、性交）は19世紀半ば異形 ass を発達させますが、これは ass（ロバ）と同音同綴りとなりました。そこで性的連想を避けるため、ass を「ロバ」の意味で使用することは避けられるようになり、とくにアメリカ英語では代わりに donkey（1785年初出）が「ロバ」の意味で使用されるようになっています。このように語源の異なる同音異義語が影響し合うことを「同音異義衝突」（homonymic clash）と呼びます。

「雄鶏」を表す意味領域に生じた変化も

「ロバ」の意味領域の変化

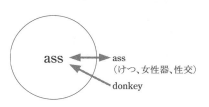

139

タブーが関わっています。「雄鶏」の意味では本来語の cock が永きにわたり使われてきましたが、18世紀初めにこの語は「ペニス、男性器」を表す卑語として用いられるようになりました。その後、アメリカでは性的な連想を避けるため、「雄鶏」を表す語として rooster が18世紀後半から用いられるようになっています。なお、rooster は roost（止まり木に止まる）から派生した言葉です。

トイレのエコロジー

ある意味領域そのものがタブーである場合、直接言及を避けるため、そこにはさまざまな遠回しな表現が発達しています。人間の排泄に関わる事柄は人前ではあからさまに口にできないタブーに属し、とりわけ排泄をする場所については英語でも数多くの婉曲表現が見られます。たとえば、トイレを指す表現のうち18世紀以降英語で用いられるようになったものだけでもその数は40を超えており、おおよそ8年に1語の割合でトイレを表す新語が生まれていることになります。右に挙げた表では、各語に「トイレ」の意味で用いられた初出年代が記されていて、年代の古い順にリストアップされています。ダガー（†）が付いている語は廃語または廃義となっているものです。初出年代の後にハイフンがついている場合は、以降現代英語まで用いられていること、ついていない場合はその年代のみに使われたことを意味します。年代の前についている *a* は「前」を表します（*a*1789は「1789年以前」）。

第6章 トイレを表す語彙の変遷

トイレを表す語の変遷

18世紀
　† backside (1704), office (1727; 1871 –), † house of ease (1734), water-closet (1736 –), † easing-chair (1771), bog (*a*1789 –)

19世紀
　washroom (1806 –), W.C. [= water-closet] (1815 –), outhouse (1819 –), † cloaca (1840), convenience (1841 –), lavatory (1845 –), backhouse (1847 –), petty (1848 –), † seat of ease (1850), restroom (*a*1856 –), small room (1858 –), throne-room (1864 –), closet (1869 –), toilet (1886 –)

20世紀
　can (1900 –), place (1901 –), lav. [= lavatory] (1913 –), comfort station (1923 –), dike (1923 –), lat(s) (1927 –), powder room (1927 –), lavabo [= lavatory] (1930 –), smallest room (1930), john/johnny (1932 –), crapper (1932 –), loo (1932 –), bathroom (1934 –), little boys' room (1934 –), little girls' room (1935 –), shouse (1941 –), W [= W.C.] (*a*1953 –), cloak-room (1953 –), House of Lords (1961 –), lavvy [= lav.] (1961 –), karzy (1961 –), shitter (1967 –)

　リストの初めのほうにある water-closet は、原義は「水回りのある小部屋」でそれがトイレを指す婉曲表現として用いられたものです（なお、日本でも馴染みがある W.C. は water-closet の短縮形です）。しかし、現在ではあまりお目にかからなくなり、婉曲表現の常としていずれ廃語になって

いく可能性があります。convenience は1841年から「トイレ」の意味で用いられるようになりました。この語はもともと「用具」一般を表しましたが、遠回しに排泄に関わる用具を意味するようになりました。lavatory は、近年まで「トイレ」の意味でもっとも一般的に使われる語のひとつでしたが（省略形の lav., lavabo, lavvy も用いられます）、現在では後述の loo や toilet にその座を譲りつつあります。なお、lavatory の原義は「手・顔を洗う場所」という意味ですから日本語の「手洗い」と同じタイプの婉曲表現です。restroom はもともと公共の場などの休憩場所を指しましたが、19世紀半ば頃からとくにアメリカで「（公共）トイレ」の婉曲表現として発達していきます。toilet は、フランス語からの借用語で最初は「化粧用品」の意味でしたが、「化粧室」の意味を経て19世紀末からトイレを表す婉曲表現として広く使われるようになっています。ただ最近では、米国の家庭ではトイレの婉曲表現としては toilet よりも bathroom のほうが好まれるようです。一方、イギリスではトイレを表す語として loo がよく聞かれますが、この語の語源は諸説がありまだ定まっていません。cloak-room はもともと劇場・ホテル・駅などでコートや帽子や荷物を預けるところですが、おそらくたいていその近辺にトイレがあることからメトニミック（換喩的）にトイレに転用された婉曲語法と考えられます。

　トイレを表す婉曲表現として少々大げさなものとしては1961年初出の House of Lords が挙げられます。この語句は、「（英国議会の）上院」を意味しますが、英国の俗語としてトイレを指しても用いられます。1864年初出の

throne-room は本来、王・女王が用を足すところを指しましたが、おどけて一般の「トイレ」の意味でも用いられます。john/johny は「トイレ」を意味するアメリカ俗語ですが、その由来に関しては水洗トイレの発明者であるジョン・ハリントン卿(きょう)(Sir John Harington, 1561-1612)によるという説もあります。

「トイレ」を意味する表現の多くは婉曲的ですが、排泄行為に関わるものを直接指すものもあります。たとえば、crapper, shouse(shithouse の短縮)、shitter はいずれも排泄行為(crap 糞を垂れる;shit 糞[する])を想起させる語です。shouse はオーストラリアやニュージーランドで聞かれる表現です。can と dike の原義はそれぞれ「容器」と「溝、水路」ですが、トイレの設備をイメージさせるものです。こうした表現はおもに俗語として用いられ、公の場では使えないものです。以上の表現の初出年代はいずれも20世紀以降となっていますが、これは19世紀のヴィクトリア朝の道徳的な風潮(当時はピアノの脚が女性の脚を連想させ淫らであるとして布で隠されることもあった)から解放されて、俗語的な表現が社会の表舞台に出てきたことを示しているのかもしれません。

許可や義務・命令を表す語の競合

第5章で法助動詞の意味変化を扱ったときに見たように、一般に人に何かを依頼・要請をする場合、高飛車な許可表現や相手の意向を無視した強い命令口調は相手の面子を脅かす危険があり避けられる傾向があります。そこで、許可や義務・命令の意味領域ではさまざまな婉曲表現が発達・

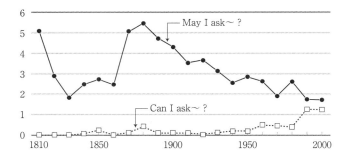

競合しています。以下では、この2つの意味領域におけるエコロジーをおもに現代英語に焦点を当て見ていきたいと思います。

現代英語では許可を表す助動詞として may と can が代表的なものですが、19世紀以降の競合の様子を1810年から2009年までのアメリカ英語の言語資料を収集・電子化した Corpus of Historical American English（以下 COHA）で見てみましょう。こうした電子コーパスではさまざまな検索・調査が可能ですが、COHA を使って許可用法の典型である May I ask 〜？と Can I ask 〜？の使用頻度（100万語あたり）を時代別に調べた結果を上のグラフにまとめてあります。

このグラフから May I ask 〜？は19世紀末ぐらいから徐々に減少傾向にあるのに対して、Can I ask 〜？のほうは1960年代以降徐々に増えている様子が見てとれます。つまり、「許可の助動詞」として may が衰退する一方、can が増加していると言えます。ただ、絶対頻度に関しては1990年代や2000年代においてもまだ May I ask 〜？が上回

第6章　トイレを表す語彙の変遷

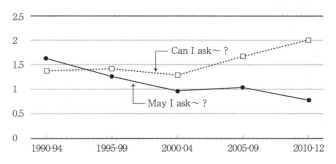

っていますが、1990年以降の現代アメリカ英語（1990年から2012年）のデータを集積した Corpus of Contemporary American English（以下 COCA）で、もう少し細かく最近の動向を見てみてみましょう。

上のグラフから、頻度（100万語あたり）においても1995年以降は Can I ask ～？が May I ask ～？を上回っていることがわかります。

さて、許可の may 以上に近年衰退傾向が顕著であるのは義務用法の must です。COHA で義務の must の盛衰を

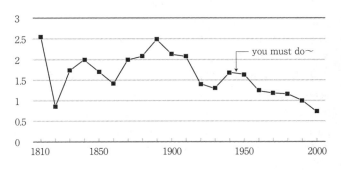

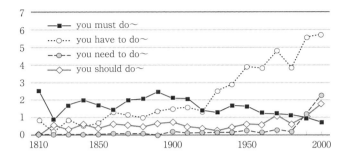

見てみましょう。この用法の典型文である you must do 〜 の頻度（100万語あたり）を前ページのグラフに示してあります。

you must do 〜は1890年代以降（1930年代から1940年代を除いては）徐々に減少しており、1890年代と比べると使用頻度は3分の1以下になっています。現代英語において義務を表す must が衰退しているのは、それが強い命令口調に聞こえ、面と向かったコミュニケーションでは避けられるためです。

そのため、現代英語では must に代わるさまざまな婉曲な義務表現（should, have to, need to など）が発達してきており、群雄割拠の様相を呈しています。COHA でこれらの婉曲表現の使用頻度（100万語あたり）の変遷を調べてみると義務の must の衰退を補うように、should, have to, need to が伸長している様子がわかります。とりわけ have to が好まれるのは、話し手の命令を表す must に対して、have to はなにか外的要因のためにそうする必要があることを示し、命令調が緩和されるためです。たとえば、You must do it.（そうしなさい）は、話し手の都合で相手に命じていますが、**You have to do it.**（それをしないとダメですよ）はそうしないと相手にとって困った状況が生じる可能性を示唆し、相手の立場を考慮しているニュアンスがあります。

男性と女性を表すメタファーの変遷

本章の初めで、シェイクスピアが少女を表す語としてさまざまな語を用いていると述べました。その中には bird, vixen がありましたが、これらは少女をそれぞれ小鳥とキツネに喩えたものです。また、「田舎の女の子」を意味する Joan も見られますが、名前と名前の主である人は密接な関係にありますので、広い意味でメトニミーと見なしてもよいかと思います。

男性と女性を表す語彙を通時的に見てみると、こうしたメタファーやメトニミーが用いられている場合が多くあることに気づきます。まずは、男性と女性を表すのに英語史上どのようなメタファーが用いられてきたのかについて見ていきたいと思います。次ページ表の語の右側に記されている数字は使用年代（初出例と最終例）を示します。また初出年代の後にハイフンがついている場合は、現代英語まで用いられていること、ついていない場合はその年代のみに使われたことを意味します。

男女を動物に見立てるメタファーは広く見られます。動物のメタファーが用いられている場合を見てみると、馬のメタファーは14世紀以降現代にかけて用いられ、男女ともに多く見られます。

動物のメタファー

	女性	男性
馬	「**少女・若い女性**」*tit (1599-子馬), filly (1616-雌の子馬) 「**女性**」*mare (1303-雌馬), *stot (c1386-a1500 去勢した雄牛), *jade (1560-駄馬), tit (1922-子馬)	「**少年・若い男性**」tit (a1627 子馬) 「**男性**」*horse (?a1513-馬), stone-horse (1580-1640 種馬), jade (1608-1616 駄馬), *hoss 1843-馬), stud (1929-種馬)
牛	「**女性**」*cow (1696-雌牛), *heifer (1835-若い雌牛)	
羊	「**女性**」*teg (a1529 2歳の羊)	
ヤギ		「**男性**」buck (1303 雄ヤギ)
猫	「**少女・若い女性**」pussy(?a1560-子猫), kitten (1870-子猫) 「**老女**」*grimalkin(1798-老雌猫)	「**男性**」pussy (1904-子猫), cat (1946-猫)
犬	「**少女・若い女性**」minx (?1576-ペットの犬) 「**女性**」*dog (1937-犬)	「**少年・若い男性**」whelp (1710-1888 子犬) 「**男性**」*buffer (1749-犬), *dog (1937-犬)
狼		「**男性**」*wolf (1847-狼)
ハリネズミ	「**少女・若い女性**」urchin(a1535-1769 ハリネズミ) 「**女性**」*urchin(1657 ハリネズミ)	「**少年・若い男性**」urchin (1556-ハリネズミ)
ネズミ	「**少女・若い女性**」mouse(1917-ネズミ)	「**男性**」*rat (1571-ネズミ)
鹿		「**少年・若い男性**」pricket(1582-1782 2歳の雄鹿), fawn (1609 子鹿)
キツネ	「**女性**」*vixen (1575-雌ギツネ), fox (1963-キツネ)	
ライオン		「**少年・若い男性**」young lion (1792-若いライオン)

否定的なニュアンスをもつ例にはアステリスク（*）を付した。参考までに原義を年代の後に記してある。

dogは男女に用いられていますが、「魅力のない女性／男性」といった否定的なニュアンスがあります。dogはほかに日本語の「犬」と同様に「スパイ、回し者」（男女を問わない）を指すことがあります。一方、foxはアメリカの俗語で「魅力的な女性」を意味します。

猫を表す語は、もともと女性のほうに転用されることが多かったようですが、20世紀以降pussyやcatが「男性」の意味で使われています。catは20世紀前半からアメリカの俗語で「スイングジャズの演奏家」の意味でも用いられており、「男性」の意味はここからきているのかもしれません。また、老女（または意地悪ばばあ）を意味するgrimalkinは、「魔法使いの飼っているメス猫」を意味するGraymalkinという語が変形したものです。なお、シェイクスピアの『マクベス』(*Macbeth*)の冒頭に登場する3人の魔女の一人もGraymalkinを連れています。

男女が鳥に喩えられているメタファーも多く見られます（次ページの表参照）。「女性」の場合は、年少から老年まで「鳥」のメタファーが用いられていますが、男性に関してはおもに年齢の若いほうに限られているようです。日本語でも「ひよ（っ）こ」（未熟な人）や「カモ」（だまして利用しやすい人）のように人を鳥に喩えることがありますが、いずれも男女を問わず用いることができます。

ところで、birdという言葉はもともと「ひな鳥」の意味であったので、初期の頃は「少女・若い女性」、「少年・若い男性」の意味で用いられていますが、その後「鳥一般」の意味になると大人の男女にも用いられるようになりました。なお，すでに述べましたが、女性を表す場合にの

鳥・魚・昆虫のメタファー

	女性	男性
鳥	「**少女・若い女性**」bird (*a*1325-1816ひな鳥), pullet (1578- 若めんどり), pigeon (1592- ハト), quail (1859- ウズラ), chicken (1860- ひよこ), flapper (1888- ひな鳥), wren (1920- ミソサザイ), chick (1927- ひよこ) 「**女性**」Partlet (*a*1616-1885 めんどり), hen (*c*1626- めんどり), pintail (1792- オナガガモ), birdie (1889; 1915 小鳥), *bird (1915- 鳥) 「**老女**」rowen (1603 老ヤマウズラ), *(old) crow (1925- [老]カラス)	「**少年・若い男性**」bird (*c*1330-1571 ひな鳥), cockerel (*a*1566- 若いおんどり), suck-egg (1609 カッコウ), spadger (1899- 雀) 「**男性**」bird (1852- 鳥)
魚	「**少女・若い女性**」mop (1589 若魚), backfisch (1888- フライにした魚) 「**老女**」*old trout (1897- 老マス)	「**少年・若い男性**」tad (1877- オタマジャクシ)
昆虫		「**少年・若い男性**」bug (1909- 虫)

否定的なニュアンスをもつ例にはアステリスク（＊）を付した。参考までに原義を年代の後に記してある。

み、軽蔑的なニュアンスが伴います（「女性」を意味する bird にアステリスクがついています）。

　男女を魚や昆虫に喩える例は少なく、とくに昆虫については「少年・若い男性」を意味する bug が見られるぐらいです。なお、「少女・若い女性」を意味する backfisch は、ドイツ語からの借用で原義は「フライにした魚」です。人を表す昆虫のメタファーは日本語でも「勉強の虫」、「働き蜂」などに見られます。

　つづいて植物のメタファーは、男女ともに見られ、とく

第 6 章　トイレを表す語彙の変遷

植物のメタファー

	女性	男性
植物	「**少女・若い女性**」tendril（1603-1639［ブドウ・キュウリなどの］巻きひげ）, snowdrop（1833- マツユキソウ）, bud (of promise)（1880- つぼみ） 「**女性**」lily（*c*1386- ユリ）, periwinkle（1604-1640 ツルニチニチソウ） 「**老女**」runt（*a*1652- 木の古株）	「**少年・若い男性**」spear（*a*1529 若木）, spring（1559-*c*1595 若枝）, imp（1578-1889 若枝）, codling（1612-1663 未熟なリンゴ）, sprig（1661- 若枝） 「**男性**」*lily（1923- ユリ）

否定的なニュアンスをもつ例にはアステリスク（*）を付した。参考までに原義を年代の後に記してある。

に「若木」や「新芽」を表す語が「若い男性」の意味で使われている例が初期近代英語期（16-17世紀）に目立っています。老婆を意味する runt は、「木の古株」の意味と「年老いた牛」の意味がありますが、ここでは前者の意味から「老婆」の意味を派生したと考えました。なお、日本語でも「古株」（古参の人）のように人を表す植物のメタファーが見られます。また、日本女性に対する美称である「（大和）撫子(なでしこ)」は本来ナデシコ科の多年草を指します。

　人間が人間以外のもの（非生物や精霊）に喩えられるメタファーも多く見られますが、とくに女性を表す語で顕著です。そして、女性がものに喩えられる場合は、軽蔑的なニュアンスが伴う傾向があります。とくに、20世紀に登場し「売春婦」や「尻軽女」の意味で用いられる scupper という語は、原義が「排水溝」で、性的そして侮蔑的なニュアンスが非常に強く感じられます。

　食べ物、とくに菓子・ケーキ類のメタファーも19世紀以降いくつか見られますが、女性だけでなく cookie や

もののメタファー

	女性	男性
もの	「**少女・若い女性**」dandiprat(1638 小型銀貨), baggage (a1668- 手荷物), tsatske/tchotchke(1968- ちゃちな飾り物) 「**女性**」piece (?c1380- 1個), ware(1558-1826 商品), *pinnace (a1568-1824 小型帆船), *faggot (1591; 1840- 薪束), *modicum (1611-1632 少量), *piece of goods (1809- 商品), hay-bag (1851- 干草を入れる袋), *scow (1866- 大型平底船), *mivvy (1881- 大理石), bit of stuff(1909- ちょっとしたもの), bit(1923- 小片), *bag(1924- 袋), *scupper (1935- 排水溝) 「**老女**」*old boot (1958- 古いブーツ)	「**少年・若い男性**」stripling(1398- 細長い1片), dandiprat (1582-1872 小型銀貨), demy (1589 金貨) 「**男性**」piece (c1300- 1個), *dandiprat (1556-1841小型銀貨)
食べ物	「**少女・若い女性**」jelly (1889- ゼリー菓子) 「**女性**」*tart (1864- タルト), cookie (1920- クッキー)	「**少年・若い男性**」studmuffin (1986- [種馬の] パン) 「**男性**」cookie (1928- クッキー)
そのほか	「**少女・若い女性**」nymph(1584- ニンフ [山・川・森に住む精]) 「**老女**」*hag (1377- 悪霊), *old witch (c1430- 老魔女)	「**老男**」*hag (c1529-a1698 悪霊)

否定的なニュアンスをもつ例にはアステリスク（＊）を付した。参考までに原義を年代の後に記してある。

studmuffin など男性を表すものもあります。studmuffin のほうは、「種馬」を意味する stud とパンの一種である muffin を合成して作られた複合語ですが、「セクシーな男性」を指して用いられます。男性語としては珍しく性的ニュアンスを帯びていますが、侮蔑的なニュアンスはないようです。

これに対して女性の意味で用いられる tart は、もともとは親しみを込めた用法もありましたが、「身持ちの悪い娘・女；売春婦」というネガティヴな意味も発達させています。

ところで、女性の結婚適齢期が24歳ぐらいと考えられていた時代に、日本語では女性を「クリスマスケーキ」(12月24日が売りどき) に喩えることがありました。こうした性差別的な表現は (女性の結婚年齢が高くなったこともあり) 現在ではほとんど聞かれなくなりました。

男性と女性を表すメトニミーの変遷
次に、男性と女性を表すのに歴史的にどのようなメトニミーが用いられてきたのかについて見ていきたいと思います。

男女を表すメトニミーの用例は、名前、身体部分、衣服の3つに大別されます。まず、名前が男女を表している例を見てみると、Gill/Jill, jilt, molly, judy, Jeff (Davis), jasper などネガティヴなニュアンスをもっているものが多いことがわかります。女性を表すメトニミーで名前に由来するものとして本来は男性名である Tom と Richard があります。前者はオーストラリアで俗語として用いられています。後者は、Richard the Third の短縮形でこのフレーズの最後の語である third が女性を表すメタファーの bird と脚韻を踏むことから、女性を表す「押韻俗語」(rhyming slang) として使われるようになりました。

ところで、日本語でも「小町」(美しい女性) や「弁慶」(強い人) はそれぞれ「小野小町」(平安時代初期の歌人で絶

男女のメトニミー

	女性	男性
名前	**「少女・若い女性」***Gill/Jill(1465-1665; 1938- Gillian より), tib (1533-1699 Isabel より), kitty (c1560-72 Catherine より), prill (1587 Priscilla より), gillian (a1625-c1685 Gillian より), *jilt (1816; 1818 Gill より), sheila (1839- Sheila より) **「女性」***jug (1569- Joan より), moll (1604- Mary より), *molly (1706- Mary より), *biddy (1785- Bridget より), *judy (1819- Judith より), Jane (1906-), Tom (1906- Thomas より), Richard (1950-) **「老女」** *maud (a1460-1640 Matilda より), Mother Bunch (1847- 16世紀ロンドンの有名な居酒屋の女主人 Mother Bunch より), skinny liz (1940- Liz は Elizabeth の別称)	**「男性」** dick (1553- Richard より), Johnny/Johnnie (1673- John より), Joe (1846- Joseph より), guy (1847- 英国国会議事堂を爆破しようとした Guy Fawkes より), *Jeff (Davis) (1870- 南北戦争時の南部連合大統領 Jefferson Davis より), *jasper (1896- Jasper より) **「老男」** Nestor (c1510-), pantaloon (1602- イタリアの仮面劇に登場する年老いたベニスの商人 Pantaloon より)
身体部分	**「女性」** rib (?1590- 肋骨), rib of man(kind) (1609-a1627 人間の肋骨), lost rib (1647- 失われた肋骨), tootsy(-wootsy) (1895- あんよ), *quim (1909- 女性器), *muff (1914- 女陰［毛］)	**「男性」** *dildo (1638-1661 陰茎) **「老男」** dry-beard (1749-1797 しなびたあごひげ)
衣服	**「少女・若い女性」** stammel(1639-1735 スタンメル［下着に用いた］), pinafore (1836 子供用エプロン), tabby (1916- タビー織り) **「女性」** skirt (1560; 1899- スカート), smock (1592-a1692 女性用肌着), *petticoat (a1616- ペティコート［女性用下着］), placket (1606-1810 ペティコー	

第6章 トイレを表す語彙の変遷

| 衣服 | ト), bit of muslin（1823- 綿モスリン）, *strap（1842- 革ひも）, number（1919- 衣料品） | |

否定的なニュアンスをもつ例にはアステリスク（＊）を付した。参考までに原義を年代の後に記してある。

世の美女と言われる）や「武蔵坊弁慶」（鎌倉時代初期に没した僧で源義経［牛若丸］に仕える）という名前に由来します。

　身体部分が男性や女性を表すメトニミーとして用いられる場合は、muff（女陰［毛］→女性）、quim（女性器→女性）、dildo（陰茎→男性）など男女の生殖器に言及する例が目につきます。muff と quim はともに20世紀以降の言葉ですが、19世紀の勤勉・禁欲・節制などを特徴とする道徳観が徐々に衰退するとともに、性的俗語が社会の表舞台に登場してきたことを象徴しています。また、女性を表すのに rib（肋骨）を用いているのは、もちろんイブはアダムの肋骨で作られたという旧約聖書の「創世記」の記述を踏まえたものです。

　男性と女性を表すメトニミーに関して、興味深いのは、衣服のメトニミーがもっぱら女性に見られるということです。また、衣服のメトニミーはすべて近代英語以降（16世紀以降）に見られます。「女性」を表す skirt は16世紀に1例見られるだけでそれ以来途絶えていましたが、19世紀末になって復活を遂げています。また、smock という語は現代英語では「上張り、仕事着」の意味で用いますが、原義は「婦人用肌着、（とくに）シュミーズ」で、それがメトニミーとして「女性」の意味に転用されました。なお、表の作成にあたって資料にした OED には記載されていな

いようですが、男性を表す衣服のメトニミーの例はあるようです。trousers（ズボン）はイギリスで俗語として「セックスの対象としての男性」を指します。また、第3章冒頭でふれた例でも suits が「重役などのエリート（男性）」の意味で用いられています。

終 章

一語一義主義

―多義語と英単語学習―

一語一義主義

英語を学習する際、文法とともに語彙力の向上が重要であることは言うまでもありません。最近の学習指導要領でも中学校や高等学校で学習すべき英語の語彙数が大幅に増加しています。たとえば、平成23（2011）年度以降改訂された指導要領では、中学・高校で学ぶべき語彙数はあわせて3,000語となり、旧指導要領と比べ800語（30パーセント）の大幅増となっています。

英語語彙の学習方法としては、アルファベット順あるいは重要度や頻度の高い英単語から段階的にひとつひとつ学んでいくという方法が一般的です。たとえば、多くの受験生がお世話になった（あるいはお世話になっている）英単語帳ではたいてい入試問題に頻出する単語を厳選し、学習者の記憶負担を考え１つの語については少数の（多くの場合１つだけ）代表的な語義を与え、その用途が例文で示されています。

この英単語帳は大学入試に対応したものですが、まず入試に頻出する基本

「一語一義主義」の方針をとった英単語帳

終　章　一語一義主義

英単語800語が100語ごとに収録されています。これを覚えたら、難関大学レヴェルの700語に進み、最終段階として難易度の高い400語が収録されています。この単語帳の重要な特徴は、1つの英単語に対して1つの意味（赤字で強調されている）を与える「一語一義主義」の方針をとっていることです。こうした学習法は、受験生にとっては多くの単語を限られた時間で学べて効率的であるかもしれませんし、ある語の複数の意味をやみくもに憶えようとしても労多くして益なしの危険があります。

しかし、一語一義の単語学習に慣れた学生はたとえば次のような文に出会ったときは、対処できるでしょうか。とくに pregnant の意味に注意して訳してみてください。

Every word in his poem is *pregnant* with meaning.

pregnant は大学受験生ならば知っている英単語かと思いますが、市販されている多くの英単語集では「妊娠した」という意味が中心義として与えられています。それに従って「彼の詩のすべての言葉は意味を妊娠している」と訳したら意味不明になってしまいます。ここでは、頭を少し柔らかくしてみましょう。「妊娠した」ということは「何かを内にはらんだ」ということなので、正しい訳は「彼の詩のすべての言葉は含蓄に富んでいる」となります。また、第2章で見たように、英語では言葉という器に意味を入れて相手に伝えるという「導管メタファー」が広く見られますが、この概念メタファーのことを知っていれば、上のような pregnant の用法にも容易に気づくことができ

るかもしれません。このように英文を読む際には、それぞれの文脈に応じて既知の意味からふさわしい意味を推測する柔軟な思考回路が必要になってきます。

「一語一義主義」の単語帳は、おそらくある語の中心的な意味を与えて、あとは学生が文脈に沿って中心義から文脈にふさわしい意味を引き出すことを想定しているのかと思います。ただし、おそらく多くの学生は、中心義からほかの意味を派生させる術を明示的に習っていないでしょうから、「pregnant＝妊娠した」という等式をどんな文脈にも当てはめてしまう危険性があると言えます。

本書では、多義語の異なる意味の間に見られる関係を詳細に見てきましたが、その過程である意味から別の意味が派生するのにはいくつかのパターンをあることも示してきました。意味の転用パターンを知っておくと、ある語が自分の知らない意味で用いられている場合でも、文脈の助けなどを借りてその意味を予想することも可能になります。以下の文の意味を考えてみてください。

She has a poor *grip* on economic theory.

第2章で、「理解する」という抽象的な概念を表すとき、しばしば「つかむ」を意味する動詞が使われることを指摘したことを覚えているでしょうか。grip は名詞としては「握ること、つかむこと」を意味しますので、この文は「彼女は経済理論をちゃんと理解していない」という意味になります。英語においては、「理解」を表す際しばしば「把握」をはじめ、「食べる、消化」、「知覚」に関するメタ

終　章　一語一義主義

ファーが用いられることを知っておくと、このような文にも臨機応変に対処できます。
　別の例を見てみましょう。

He paid with *plastic* instead of with cash.

「彼は現金でなく、プラスチックで払った」とはどのようなことでしょうか。この場合、素材はしばしばその素材から作られる製品を表すメトニミーとして用いられるという知識があれば、plasticはプラスチックでできた製品で支払いのとき使うもの、つまりクレジットカードを指していることがわかります。
　最後に以下の文の意味を考えてみましょう。

I *Starbucksed* with an old friend who I met again after thirty years.

Starbucksはアメリカ発祥の世界規模のコーヒーのチェーン店ですが、ここでは固有名詞でなく動詞として用いられています。第3章で見たように、英語では名詞をそのままの形で簡単に動詞に転換できますが、この場合Starbucksは「スターバックスでお茶する」程度の意味かと思います。ゼロ派生で誕生した新たな動詞の意味は何らかの形でもとの名詞と関わる行為・活動を表すということを知っていれば、こうした文にも柔軟に対応することが可能です。

多義語の学習

一般に、頻度の高い基本的な語彙ほど多義的であると言われていますので、語彙の学習にあたっては、語彙数を増やす量的な学習だけでなく、頻度の高い語の複数の意味を憶えるといった質的な勉強も必要かと思われます。そして、多義語の学習にあたっては、ただ複数の多岐にわたる意味をバラバラに丸暗記するのではなく異なる語義間に関連性を見いだしながら学習したほうが記憶にも残ると考えられます。

第2章で見たように人間の身体部分はさまざまなものに転用される傾向がありますが、heel（かかと）もその例に漏れず多くの意味をもっています。

> heel　1　（人の）かかと　2　（靴・靴下の）かかと（の部分）
> 3　（バイオリンの弓の）握りの部分；（スキーの）末端；（パン・チーズなどの）端切れ；（船の帆柱などの）下端部　4　《ラグビー》ヒール（スクラムの時、ボールをかかとでけること）
> 5　イタリアのかかと（東南端 the heel of Italy）　……
> 　　　　　　　　　　　　　（『ジーニアス英和辞典第5版』、一部変更）

これまでの章（とくに第2～5章）で扱った意味変化のパターンに関する知識を用いて、heel の異なる意味を関連づけてみましょう。まずは、この語の中心義であると考えられる「かかと」と意味の類似性が感じられるものはどの語義でしょうか。「パン・チーズの端切れ」、「バイオリンの弓の握りの部分」、「スキーの末端」は、いずれもパン・チーズ、バイオリンの弓、スキー板の端っこに位置し

終　章　一語一義主義

ている点で、脚の端っこにある「かかと」と相対的位置関係が類似しています。「船の帆柱の下端」もマストを直立した人間と見なせば、「かかと」と同じくもっとも下に位置している点が共通しています。the heel of Italy はイタリア東南端を指しますが、これはイタリア半島の形が長靴に似ていてそのかかとの部分が東南端にあたるからです。一方、「(靴・靴下の) かかと」は「かかと」と近接しますので、メトニミーによる転義です。同様にラグビー用語としての「ヒール」もかかとで蹴る点で「かかと」と密接に関連しています。このように多くの場合、多義語の異なる意味はメタファーやメトニミーによって関連し合っていますので、自分なりにその関連を見いだしてみると、バラバラであった意味同士が結びつき、記憶もしやすくなるかと思います。

succeed にもさまざまな意味がありますが、大別すると「成功する」と「続く、続いておこる」に分けられます。この２つ意味の関連はすぐには明らかではないかもしれません。現代英語では、前者の意味で使われるほうが多いかと思いますが、実はこの動詞の原義は後者の意味でした。そこから、ある事柄の後におこることは、良いことも悪いこともあるわけですが、良い結果のほうに意味が傾斜して「良いことが続いておこる、成功する」の意味になりまし

た。したがって、succeedの一見関連がないような2つの意味は、類(ことが続いておこる)と種(良いことが続いておこる)のシネクドキの関係にあると理解すれば記憶しやすいと思います。

次に、have toを含む以下の文を見てみましょう。

He *has to* be joking.

have toは普通「〜しなければならない」ですが、この文の意味は「彼は冗談を言っていなければならない」ではありません。第5章で、義務・許可・能力を表す助動詞はしばしば、話し手の推論に言及する用法があることを指摘しました。たとえば、Beth must be home already; I see her coat.(ベスはすでに帰宅しているに違いない。コートがありますから)では、mustは話し手の推論を示します。mustと同様に義務を表すhave toも話し手の推論を表す用法で、「彼は冗談を言っているに違いない」という意味になります。このように、助動詞やそれに相当する語句の意味においては話し手の推論・判断が取り込まれていく傾向(主観化)があるということを知っていると、さらにThey *should* come by noon.(彼らは正午までにはきっと来る)とい

う文にも対応できます。主観化という現象を理解していれば have to や should の推論に関わる意味を苦労して暗記する必要はないでしょう。

学習する英語語彙のアップデート

第6章では、いくつかの意味領域のエコロジーを見ましたが、「トイレ」、「許可・義務」といった領域では婉曲表現が次々に生まれ、もとの表現に取って代わっていくという状況が見られます。こうした領域の語彙に関しては、栄枯盛衰がしばしば見られますので、英語教育・学習上、関連語彙を常にアップデートしておく必要があります。

日本の多くの英語学習者は中学校の段階で、許可の助動詞として may を学びます。しかし、第6章で見たように、Corpus of Historical American English（COHA：1810年から2009年までのアメリカ英語の電子コーパス）や Corpus of Contemporary American English（COCA：1990年以降の現代アメリカ英語［1990年から2012年］のデータを集積したもの）で調べてみると、許可の助動詞として may が衰退する一方、can が増加していることがわかります（COHA と COCA はともに、日本の英語学習者の多くが学んでいるアメリカ英語のコーパスです）。

さらに、COCA で May I ask 〜？と Can I ask 〜？の文体・ジャンル別の頻度（100万語あたり）を調べてみると（次ページのグラフを参照）、Can I ask 〜？は口語体（spoken）に多く見られることがわかります。このことから、今後、英語学習者に対しては、発信型の英語許可表現としては can を主として教えることが望ましいと考えられ

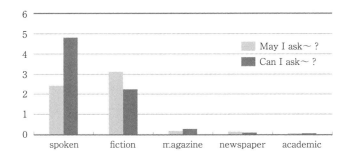

ます。

　日本の学校英語では義務を表す代表的な助動詞として must を学習させています。第 6 章で見たように、許可の may 以上に義務用法の must は近年衰退傾向が顕著であり、それに代わる婉曲的な義務表現として、should, have to, need to が伸長してきています。さらに、COCA で義務表現の使用頻度（100万語あたり）を文体・ジャンル別に見てみると、should, have to, need to はいずれも口語（spoken）での使用がもっとも多いことがわかります（イギリス英語

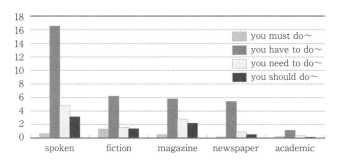

では、have got to も must に代わる有力な義務表現です)。このことから、英語学習者には、発信型の義務表現として今後は should, have to, need to を中心に教えていくほうが効果的であると考えられます。

日本の学校英語で教えられることの多い ought to は、ほかの義務表現よりも頻度が大幅に低くなっています。たとえば、COHA によると2000年代における100万語あたりの頻度が you ought to do 〜は 0.14語で、you have to do 〜（5.75語）、you need to do〜（2.33語）、you should do 〜（1.79語）、you must do 〜（0.74語）よりも大分低くなっています。学校教育では ought to よりもむしろ（日本ではあまり教えられない傾向にある）need to を積極的に取り上げたほうがより現代英語の実情に合っていると思われます。なお、need to は must や have to と比べて丁重なニュアンスがあります。

日本の中学・高校の英語学習者の英作文をデータベース化したものとして Japanese EFL (= English as a Foreign Language) Learner corpus（通称 JEFLL コーパス）というものがありますが、これで you must を検索すると43例ヒットし（禁止の you must not も含む）、いずれも「義務」の意味で用いられていることがわかります。これに対して you should（27例）, you have to（25例）, you need to（3例）の順となっており、現代英語の実際の義務表現の使用状況と乖離しています。

現代英語では must は「義務」の意味では使われにくくなっていますが、とくに会話において must はほとんどの場合「必然（〜に違いない）」の意味で用いられるという指

摘があります。一方、会話のデータではありませんが、JEFLLの作文コーパスのmustの用法を調査してみると、mustの全用例（636例）のうち「必然」の意味で用いられているのは、おおよそ40例（6.3％）にすぎません。今後は、mustに関しては「必然」の意味を優先して指導するほうが現代英語の実情にかなっていると言えるかもしれません。

あとがき

　10年ほど前に中公新書から『英語の歴史』を上梓しました。そこでは英語の辿った足跡について、発音・綴り、語彙、文法の各分野に焦点を当てて考察しましたが、紙幅の都合もあり英語の史的変化のもうひとつ重要な側面―英単語の意味変化―を扱うことはかないませんでした。

　意味の問題、とりわけ意味変化は私が大学の学部生のときから関心があったテーマのひとつでした。というのも、学部から大学院にかけてお世話になったのが意味論の第一人者でいらっしゃる池上嘉彦先生であったからです。当時（1980年代）は、生成文法隆盛の時代で音韻論や統語論と比べると意味論はどちらかというとまだ影が薄い存在であったような気がしますが、そのなかで意味の問題について堂々と情熱をもって講義されていた池上先生のお姿は大変印象的でした。

　その後、留学などを経て私の関心は言語理論よりも中世英語のテクストを読むことに向かっていましたが、池上先生のお誘いで『英語の意味』（大修館書店）という本の「意味の変化」という章を担当する機会を得ました。それが契機となり意味の問題に対して私自身も再び取り組むようになりました。またちょうどその頃、認知言語学が台頭するとともに言語の意味の側面への関心が高まり、また「文法化」という通時・共時両面に関わる文法・意味現象が注目されるようになりました。そうしたなかで、私も通時的な

観点から英語の意味の問題を直接・間接に扱った論文をいろいろな機会を得て発表してきました。

　本書を執筆するにあたり、前記の『英語の意味』の関連の章やそのほかの論文の一部に手を加えて収録させていただきました。第4章では、女性を表す語の意味の悪化にふれましたが、「「女性」の意味は悪化する？―英語の意味変化」（東京大学言語情報科学専攻編『言語科学の世界へ―ことばの不思議を体験する45題』東京大学出版会、2011年、pp. 122-132）を踏まえています。第5章では do や can, may, must などの助動詞の意味変化を扱いましたが、「助動詞 do の文法化」（『月刊言語』大修館書店、2004年4月、pp. 42-49）と「英語法助動詞の意味変化とポライトネス」（吉波弘ほか共編『英語研究の次世代に向けて』秋元実治教授定年退職記念論文集、ひつじ書房、2010年、pp. 437-446）がもとになっています。第6章では男女を表す比喩表現の変遷にふれましたが、これは日本英文学会第82回大会の発表論文（"Man and Woman in the History of English"『第82回大会 Proceedings』日本英文学会、2010年、pp. 101-103）を取り入れたものです。第6章では現代英語における法助動詞の競合関係にもふれ、終章ではそれを踏まえ英語教育への提言をしましたが、「変容する現代英語―英語史と英語教育の接点」（『関東英文学研究』No. 8、日本英文学会関東支部、2016年、pp. 11-18）の一部を収録したものです。論文などの本書への転載の許可を与えてくださった大修館書店、東京大学出版会、ひつじ書房、日本英文学会、日本英文学会関東支部のご厚意に感謝申し上げます。

　こうした論文を発表する傍ら、東京大学、慶応義塾大学、

あとがき

　東京言語研究所で学部生・院生や一般の方々に対して「英語の多義性と意味変化」と題する講義を行ってきましたが、そこでも大変有益なフィードバックを得ることができました。受講生のみなさまに感謝いたします。

　草稿が出来上がった段階で、認知言語学がご専門の北海道大学教授野村益寛先生に多義性やメタファー、メトニミーに関わる章を読んでいただきました。「液体のメタファー」などに関するオリジナリティーあふれる秀逸なご論考を発表されてきた野村先生に原稿にお目通しいただいたことは私にとって光栄の至りであり、感謝申し上げます。また、かつて私の大学院の授業を受講していた東洋大学准教授の古田直肇氏には原稿全般を読んでいただきました。英語史と英語教育の両分野を専門とされる希有な存在である氏には英語史だけでなく英語教育の観点からも貴重なコメントを頂戴しました。お礼申し上げます。また、大学の同僚であるブレンダン・ウィルソン氏には本文中で用いた英語例文に丁寧に目を通していただきました。

　中公新書編集部長の白戸直人氏には、『英語の歴史』に引き続き企画の段階から大変有益なフィードバックをいただきました。ご多忙を極めた白戸氏から途中でバトンを引き継いだ藤吉亮平氏にもお世話になりました。お二人のお力添えなしには本書が上梓されることはなかったかと思います。

　『英語の歴史』のいわば姉妹版として意味変化を扱った本書を上梓できたのは、学生時代から今日にいたるまでの池上先生からのお導きによるもので、この場をお借りして謝意を表したいと思います。また、家族からのサポートなし

には本書の完成はありえませんでした。母と妻と娘の力添えに感謝します。

　父は本書の完成を見ずに逝去しました。これまで父として、そして学者として常に私の進む道を照らしてくれた寺澤芳雄に本書を捧げます。

2016年10月31日

寺 澤　盾

文献案内

　英語の多義語と意味変化についてさらに知識を深めたい読者のために、文献案内を付しておきます。なお、紹介した文献は、日本語または邦訳のあるものを中心に選んであります。

I. 辞書
　まずは、多義語や意味変化の問題を考えるに際して有用な辞書を紹介しましょう。多義語の異なる意味を羅列するだけでなく関連づけて説明してくれるユニークな英和辞典として以下の3冊を推薦します。

政村秀美. 2002. 『英語語義イメージ辞典』大修館書店.
小島義郎ほか（共編）. 2004. 『英語語義語源辞典』三省堂.
瀬戸賢一（編集主幹）. 2007. 『英語多義ネットワーク辞典』小学館.

　『英語語義イメージ辞典』は収録語数約3,000語で、各単語に与えられた中核的な語義イメージによって異なる意味の間の関連を示しています。『英語語義語源辞典』（約49,000項目収録）は語義を番号付けせず、まず「一般義」（もっとも普通の意味）を与え、そのほかの意味が一般義や語源とどのように結び付いているか物語風に説明されています。一方、『英語多義ネットワーク辞典』では収録語数（1,400語余り）は少ないものの、メタファーやメトニミーなどの意味の転用のパターンにふれつつ、多義語の異なる意味がどのように関連しているか詳細に記述されています。
　英単語の語源を調べるには、本文でもふれた『オックスフォード英語辞典』（OED）がありますが、日本で出版された辞書としては以下のものが有用です。

中島文雄・寺澤芳雄（共編）. 1962. 『英語語源小辞典』研究社.

寺澤芳雄（編）. 1997.『英語語源辞典』研究社.
グリニス・チャントレル（編）. 澤田治美（訳）. 2015.『オックスフォード英単語由来大辞典』柊風舎.

『英語語源小辞典』はコンパクトな英語語源辞典で日常語を中心に2,000語余りが収録されています。『英語語源辞典』は日本で初めての本格的英語語源辞典で、収録語数はおおよそ5万語。英単語についてその語義が古い順に並んでおり、異なる意味の間の繋がりについても説明があります。縮刷版（1999）もあります。『オックスフォード英単語由来大辞典』は約12,000語の英単語の語源や意味変化をわかりやすく説明した辞典。

Ⅱ. 概説書・参考書・研究書など

英語の多義語や意味変化に関連する問題を扱った文献は数多く出ていますが、ここではそのうち一般読者にも読みやすいものを挙げておきます。

H. ブラッドリ（著）. 寺澤芳雄（訳）. 1982.『英語発達小史』岩波文庫. 第5章.
佐久間治. 1998.『英語に強くなる多義語200』ちくま新書. 筑摩書房.
野村益寛. 2014.『ファンダメンタル認知言語学』ひつじ書房. 第6章, 第7章.

最初に挙げた文献は、OEDの編者の一人でもあるブラッドリによるものですが、英単語の辿ったさまざまな意味の変遷について豊富な実例に則して詳細に述べられています。『英語に強くなる多義語200』は、arm(s), battery, fortune など200の英語多義語を取り上げ、その意味の繋がりを語源や意味の変遷にふれながらわかりやすく説明しています。『ファンダメンタル認知言語学』では、とくに多義語と同音異義語の区別について有益な説明が見られます。

第2章と第3章でメタファーやメトニミーに基づく意味変化を見ましたが、以下に挙げたレイコフとジョンソンの共著は、この2つ

の「修辞技巧」が日常言語に広く見られることを最初に指摘した重要文献です。

G. レイコフ・M. ジョンソン（共著）. 渡部昇一・楠瀬淳三・下谷和幸（共訳）. 1986.『レトリックと人生 Metaphors We Live By』大修館書店.

また、メタファー、メトニミー、シネクドキなどについて論じた以下の文献も一読をお勧めします。

山梨正明. 1988.『比喩と理解』認知科学選書17. 東京大学出版会.
　メタファー、メトニミーについて日本語から豊富な例を挙げながら認知科学の観点から論じたもの。

尼ヶ崎あきら. 1990.『ことばと身体』勁草書房.
　「わかる」ということは深く私たちの身体経験に根ざしており、認識は身体経験をメタファーによってなぞらえることであると主張。

佐藤信夫. 1992.『レトリック感覚』講談社学術文庫. 講談社.
　メタファー、メトニミー、シネクドキのほか誇張法や緩叙法などにもふれている。

瀬戸賢一. 1995.『空間のレトリック』海鳴社.
　「上下」、「内外」など空間的表現に基づくメタファーについて日本語と英語の例にふれつつ論じる。時間に関するメタファーや「導管メタファー」にも言及。

谷口一美. 2003.『認知意味論の新展開—メタファーとメトニミー』研究社.
　認知意味論におけるメタファー、メトニミー研究をわかりやすく説明。

野村益寛. 2014.『ファンダメンタル認知言語学』ひつじ書房.
第 4 〜 6 章.
認知言語学の観点からメタファー、メトニミー、シネクドキなどについてわかりやすく解説。

第 2 章では「導管メタファー」などさまざまなタイプのメタファーについても見ましたが、こうした個別のメタファーを論じたものとして英文で書かれたものも含めて以下に挙げておきます。

Williams, Joseph M. 1976. "Synaethetic Adjectives: A Possible Law of Semantic Change." *Language* 52.2, 461–478.
共感覚比喩について体系的に論じた草分け的論文。異なる感覚間の転用に一定の方向が見られることを主張。

Reddy, M.J. 1979. "The Conduit Metaphor: A Case Study of Frame Conflict in Our Language about Language", in Ortony, A. (ed.), *Metaphor and Thought*. Cambridge University Press, pp.284-324.
「導管メタファー」を扱った古典的な論文で邦訳は出ていないが、その内容は G. レイコフ・M. ジョンソン（1986）や瀬戸（1995）などで詳しく紹介されている。

野村益寛. 2002.「〈液体〉としての言葉—日本語におけるコミュニケーションのメタファー化をめぐって」大堀壽夫（編）『認知言語学 II：カテゴリー化』東京大学出版会.
コミュニケーションを表す日本語のメタファーについて論じたもので、日本語における液体のメタファーの遍在性を日本語の類型と関連づけながら指摘。

瀬戸賢一（編著）. 2003.『ことばは味を越える—美味しい表現の探求』海鳴社.
共感覚メタファーについて味覚を中心にすえ、豊富な例示で論じたもの。

野村益寛. 2015.「比喩表現からみた〈時間〉」田山忠行（編著）『時を編む人間』北大文学研究科ライブラリ12. 北海道大学出版会.
　日本語や英語における時間を表すメタファーを分析することを通して、両言語における時間の捉え方を明らかにする。

第4章では意味変化の原因にふれましたが、以下の文献でもこの問題への言及が見られます。

S. ウルマン（著）. 池上嘉彦（訳）. 1969.『言語と意味』大修館書店. 第8章.
　意味変化の原因を「言語的な原因」、「歴史的な原因」、「社会的な原因」、「心理的原因」、「外国語の影響」に分けて明解に説明。

池上嘉彦（編）. 1996.『英語の意味』テイクオフ英語学シリーズ3. 大修館書店. 第7章.
　意味変化がなぜ、どのようにおこるのかが簡潔に述べられている。当該章は本書筆者が執筆。

池上嘉彦. 2006.『英語の感覚・日本語の感覚―〈ことばの意味〉のしくみ』NHK出版. 第5章.
　意味変化における話し手の役割が強調されている。

寺澤盾. 2010.「英語法助動詞の意味変化とポライトネス」吉波弘ほか共編『英語研究の次世代に向けて』（秋元実治教授定年退職記念論文集）ひつじ書房, pp. 437-446.
　ポライトネスが意味変化の契機となっていることを、英語法助動詞の史的変化にふれつつ示している。

寺澤盾. 2011.「「女性」の意味は悪化する？―英語の意味変化」東京大学言語情報科学専攻編『言語科学の世界へ―ことばの不思議を体験する45題』東京大学出版会, pp.122-132.

女性に関連する語の意味が悪化する理由について婉曲表現の意味変化と関連づけて説明。

機能語の多義性や意味変化を論じた第5章におけるキーワードのひとつは「文法化」でしたが、内容語から機能語が生じる際の意味変化や形態変化については以下の文献で詳しく論じられています。

秋元実治（編）．2001.『文法化―研究と課題』英潮社.
大堀壽夫．2002.『認知言語学』東京大学出版会．第9章.
寺澤盾．2004.「助動詞 do の文法化」『月刊言語』2004. 4, pp. 42-49.
秋元実治・保坂道雄（共編）．2005.『文法化―新たな展開』英潮社.
野村益寛．2014.『ファンダメンタル認知言語学』ひつじ書房．第12章.

第6章で、ある概念を表すのに英語でどのような表現が史的に用いられたかという問題を扱いましたが、そこで紹介した『OED 歴史シソーラス』を用いた研究として以下の単行本（残念ながら邦訳はまだ出ていません）を挙げておきます。

Crystal, David. 2014. *Words in Time and Place: Exploring Language through the Historical Thesaurus of the Oxford English Dictionary.* Oxford University Press.
ここでは、「死」、「金銭」、「酒酔い」、「売春婦」など15の意味領域においてどのような語が用いられまた消えていったか、過去から現代にかけての英語語彙の栄枯盛衰が軽妙に語られている。

終章では、多義語の学習にふれましたが、英単語帳（おもに大学受験生対象）としては以下のものを参照しました。

宮川幸久・ターゲット編集部（共編）．2011.『英単語ターゲッ

ト1900』5訂版.旺文社.
　収録語数1,900語。一語一義の原則をとり、「基本単語800」、「重要単語700」、「難単語400」のようにレヴェル別に効率よく英単語を学習させることを目指す。

刀禰雅彦・霜康司. 2011.『システム英単語』改訂新版.駿台文庫.
　語数2,021語に加え多義語181語を収録。英単語をフレーズとして覚えることに重きをおいた単語帳。たとえば、通常の英単語帳では compare は「比較する」と記されているが、この単語帳では compare Japan with China（日本を中国と比較する）のようにフレーズで示されている。

風早寛. 2013.『速読英単語1 必修編』改訂第6版. Z会.
　収録語数1,900語。英文を読むことで単語力の育成を図る単語帳。「ビタミンCの働き」、「テレビゲームの影響力」などさまざまなトピックの英文（80〜200語程度）を読み、その中に出てくる重要単語を覚えさせる。

鉄緑会英語科（編）. 2015.『鉄緑会東大英単語熟語鉄壁』16版.角川学芸出版.
　収録単語・熟語は4,200余り（多義語も含む）。アルファベット順でなく、英単語を「議論・主張・要求」,「善悪・犯罪」などのテーマ別にまとめることで、複数の単語を関連づけながら覚えることを促している。

用語解説

以下に挙げた用語が本文中で最初に現れたとき、太字にしてある。解説の末尾にその用語に言及したおもな章の番号を記した。

〈ア行〉

意味の一般化(generalization of meaning):ある語の意味が広く一般的になる現象。特定の使用域で用いられていた語が、その領域外で広く使われるようになると意味は一般化する。たとえば、もともと航海用語として「岸に着く」を意味していた arrive はそれ以外の場面でも使われるようになり、その結果到着する場所への限定がなくなり、現在のように「到着する」を意味するようになった。[第4章] ⇔**意味の特殊化**

意味の下落(pejoration of meaning):ある語の意味が好ましくない(と一般に考えられている)意味に変化する現象。意味の下落は、婉曲表現や女性に関する表現によく見られる。たとえば、「未婚の女性」を表していた spinster は現在では「婚期を逃したオールドミス」という意味で用いられることがある。[第4章] ⇔**意味の向上**

意味の向上(amelioration of meaning):ある語の意味が好ましい(と一般に考えられている)意味に変化する現象。たとえば、minister の原義は「僕(しもべ)」であったが、現在では「大臣、牧師」を意味する。[第4章] ⇔**意味の下落**

意味の伝染(contagion):省略された語句の意味が残った隣接の語にいわば伝染することによって生じる意味変化。たとえば、gold は「金メダル」の意味でも用いられるが、これは gold medal から medal が省略され、後者の意味が gold へ継承されたためである。[第4章]

意味の特殊化（specialization of meaning）：ある語の意味が狭く限定的になる現象。語がある特定の集団・領域の中で使われるようになる場合に生じる。たとえば、hound はもともと「犬一般」を表したが、おそらく狩猟用語として用いられるようになり「猟犬」の意味に限定されたと考えられる。［第4章］　⇔**意味の一般化**

意味の場（semantic field）：ある言語の語彙は、語がバラバラに集まって構成されているのではなく、意味的に関連した語（句）群がまとまりをなしていると考えられるが、そうした特定の意味領域を指していう。joy, happiness, delight などの類義語は「喜び」を表す意味領域を構成しており、また chair, stool, sofa, table などは「家具」という意味の場に属している。［第6章］

意味（変化）論（semasiology）：意味の研究をする際、語がどのような意味をもつか、とりわけ語のもつ意味がどのように通時的に変化していくのかを研究する言語学の一部門。［第6章］　⇔**名義論**

隠喩：メタファー参照。

迂言の do（periphrastic *do*）：疑問文・否定文を作る働きがあるが、それ自体は意味をもたない助動詞 do のこと。［第5章］

液体メタファー（fluid metaphor）：「本音を漏らす」、「時の流れ」、「乗客があふれる」、「勇気が湧く」などのように液体を用いた比喩表現。このメタファーは、とりわけ日本語で広く見られる。［第2章］

婉曲表現（euphemism）：人間の死、性行為、排泄行為などタブーである事柄にふれる場合、話し手は相手を不快にさせるリス

クを減らすために、しばしばそれを直接指し示さず遠回しに言うことがあるが、こうした遠回しな表現のことを指して言う。たとえば、「死ぬ」を表す英語の婉曲表現としては pass away（なくなる→死ぬ）、expire（期限が切れる→死ぬ）などがある。[第4章]

婉曲表現の単調な繰り返し（euphemism treadmill）：「トイレ」を表す語などに見られるように、婉曲語の意味が悪化してその代替表現が次々に生まれていく現象。スティーヴン・ピンカーの造語。[第4章]

〈カ行〉

概念メタファー（conceptual metaphor）：メタファーは言語だけの問題ではなく、私たちの思考過程や概念体系自体も本質的にメタファーで成り立っている。たとえば、*construct* an argument（議論を構築する）や the *foundation* for a theory（理論の土台）は「議論は建築物（ARGUMENTS ARE BUILDINGS）」という概念メタファーが言語化されたものである。[第2章]

含意（implicature）：It is hot in here.（ここは暑いですね）と言って窓を開けてもらう要請をするように、言われていること（文字通りの意味）とは別に伝えられる意味。[第4章]

換喩：メトニミー参照。

擬人法的メタファー（anthropomorphic metaphor）：eye（目→針の穴）や neck（首→瓶のくびれた部分）のように、何らかの類似性に基づき人間（とくに人間の身体部分）が人以外のものに転用されること。[第2章] ⇔**擬物化**

機能語（function word）：前置詞・代名詞・助動詞などのように語彙的な意味はもたず、もっぱら文法的な役割を担っているも

の。[第5章]　⇔内容語

擬物化（objectification）：nut（木の実→まぬけ）や skirt（スカート→女の子）のように、人間をものに喩えること。しばしば否定的なニュアンスが伴う。ものを人間に喩える場合よりはまれ。[第2章]　⇔**擬人法的メタファー**

義務的（deontic）：can, may, must などの法助動詞の用法のひとつで、主語の「能力」や「義務」、主語に対する「許可」を表すもの。[第5章]　⇔**認識様態的**

強意語（intensifier）：I'm *terribly* sorry.（本当に申し訳ない）の terribly のように、それが修飾する語を強調する副詞。[第4章]

共感覚（synaesthesia）：sweet fragrance（芳香：味覚→嗅覚）、soft voice（優しい声：触覚→聴覚）などのように、ある感覚を表す語が別の感覚に比喩的に転用される現象。[第2章]

近接性（contiguity）：2つの意味の間にある連想関係のひとつ。「頭」と「頭髪」のように、2つのものが空間的に近くに位置するなど密接な関係にあること。wash one's head（頭を洗う→頭髪を洗う）に見られるように、メトニミーに基づく意味変化の契機となる。[第1章]

敬称：目下の人から目上の人、子から親、見知らぬ人の間で用いられる呼称。[第5章]　⇔**親称**

誇張表現（overstatement, hyperbole）：空腹であるとき I am starving.（餓死する寸前だ）と言うように、話し手が自らの強い感情を相手に印象づけるために用いる大げさな表現。実際よりも誇張した表現が用いられることにより、語の意味と指す事柄とのずれが生まれ意味変化が生じる契機となる。

[第 4 章] ⇔控えめな表現

語用論的強化 (pragmatic strengthening): 言語表現がある文脈のなかで、字義通りとは異なる一時的な意味をもつことがあるが、こうした語用論的解釈が繰り返されることによって定着しその語の慣習的な意味となること。たとえば、John is going to meet Mary. のような文では、be going to は本来移動を表していたが、「ジョンはメアリに会いに行くところである」と言った場合、「(未来のある時点において) ジョンはメアリに会うだろう」という含意・推測が成り立つ。未来を表す be going to はこうした推測的意味が慣習化されたものである。[第 4 章]

〈サ行〉

シソーラス (thesaurus): 類義語辞典とも呼ばれ、特定の意味・概念を表すのにどのような語句が用いられるかを示す辞書。[第 6 章]

シネクドキ (synecdoche): face (顔→人) のような〈部分〉と〈全体〉の間の転用、bread (パン→糧) のような〈種〉と〈類〉の間の転用を指す。ただし、後者だけにシネクドキという用語を当てることもある。提喩とも呼ばれる。[第 3 章]

主観化 (subjectification): 話し手の主観的な推論や判断が語の意味の中に取り込まれていく傾向。たとえば、must では義務の意味から「〜に違いない」という話し手の推量・判断の意味が生じている。[第 5 章]

使用域 (register): black hole (ブラックホール) はもっぱら天文学の分野で用いられ、一方 tiebreaker (タイブレーク；テニスなどで勝敗の決着をつけるための方式) はスポーツ用語であるように、語が用いられる特定の領域を言う。ある使用域をもった言葉が、それ以外の領域で用いられると意味変化が

生じる (black hole ブラックホール→脱け出しようのない状況)。[第4章]

消極的面子 (negative face)：他人に自分の行動をじゃまされたくないという欲求。たとえば、相手に何かしてほしいとき、相手の消極的面子を脅かさないように、丁寧な婉曲的な表現 (e.g. Could you kindly pass me the salt? [お塩をまわしていただけますか]) が用いられる。[第5章]

女性を表す語の意味の悪化 (semantic derogation of women)：男女を表す対語のうち女性を表す語のほうの意味が悪化する現象。たとえば、mistress はもともと「権威をもつ女性」を意味し master (権威をもつ男性) に対応する表現であったが、「情婦、めかけ」という意味も身につけた。[第4章]

親称：目上の人から目下の人、親から子、親しい人同士の間で用いられる相手への呼称。[第5章] ⇔敬称

死んだメタファー (dead metaphor)：eye of a needle では「目」が「針の穴」に比喩的に転用されているが、そうしたメタファーを一般に人は日常意識していない。メタファーであることを忘れられたこうした表現を「死んだメタファー」(あるいは「眠っているメタファー」) と呼ぶ。[第2章]

推論 (inference)：たとえば、I have another appointment tonight. (今夜は別の約束がある) という相手の言葉から誘いへの断りの意味を読み取るなど、言語表現を手掛かりに相手が意図した意味を推測すること。推論された意味はしばしば、言語表現の字義通りの意味とは異なり、その結果意味変化のきっかけになりうる。[第4章]

ゼロ派生 (zero-derivation)：screw (ネジ→ネジで留める) のように、語形を変えず品詞転換をする現象。英語で広く見られる。

転換とも呼ばれる。[第3章]

尊敬の複数（plural of respect）：相手に対して敬意を表すために、2人称複数形を単数の相手に用いること。英語の you ももともと複数形であったが、一人の相手に対して敬称として用いることから単数用法をもつようになった。[第5章]

〈タ行〉

多義語（polysemous word）：2つ以上の意味をもつ語。[第1章]

タブー（taboo）：人間の死、性行為、排泄行為など、口に出すのがはばかられるような事柄。神聖なもの、畏敬すべきものもタブーの対象になる。タブーと見なされていることについては公の場で言及することは避けられるため、タブーの領域にはしばしば婉曲表現が多く発達する。[第4章]

ダブルスピーク（doublespeak）：政治的言説などで、好ましくない現状を覆い隠すために用いられる婉曲的な表現。たとえば、friendly fire（友好砲撃→味方への被害を与える誤砲撃）という軍事用語は、自軍の砲弾が誤って味方の部隊の近くに着弾し死傷者を出したという悲劇的失態を覆い隠そうとするものである。ダブルトークとも呼ばれる。[第4章]

ダブルトーク（doubletalk）：ダブルスピーク参照。

中間構文（middle construction）：This knife *cuts* well.（このナイフはよく切れます）の cut のように動詞の形態は能動態であるのに意味は受動態のようになっているもの。広告などでよく見られる構文。[第3章]

提喩：シネクドキ参照。

転換（conversion）：ゼロ派生参照。

同音異義語(homonym): bear(運ぶ)と bear(クマ)のように、語源が異なるが発音・綴りが同じである語。[第1章]

同音異義衝突(homonymic clash): 語源の異なる同音異義語はある文脈のなかで曖昧性を生じさせる可能性があり、そのため一方が回避されたり、意味変化をおこしたりすること。たとえば、lie(横になる)と lie(うそをつく)は異なる語源をもつが、She is lying. などの文は意味が曖昧であり、そのためしばしば「うそをつく」という意味では She is telling a lie. または She is a liar. が用いられ、She is lying. が避けられる傾向がある。[第6章]

導管メタファー(conduit metaphor): コミュニケーションに関する英語表現に見られるメタファー。そこでは、話し手によって伝えたい意味が言葉の容器に入れられた後(put)、その容器は聞き手に届けられ(convey)、聞き手はそれを容器から取り出して(extract)意味を理解するといったイメージが読みとれる。[第2章]

〈ナ行〉

内容語(content word): 名詞・動詞・形容詞など語彙的な意味をもつもの。[第5章] ⇔**機能語**

認識様態的(epistemic): can(ありうる;[否定文で]〜はずがない)、may(〜かもしれない)、must(〜に違いない)など、文の内容に対する話し手の確信の度合いを示す用法。[第5章] ⇔**義務的**

〈ハ行〉

控えめな表現(understatement): 人に贈り物をするとき、This is a *little* something for you.(つまらないものですが)などと言ったりするように、相手に対して配慮を示したり、口調を和

らげたりするために言語表現を控えめにすること。語の意味と語が指し示すものとのずれが見られ、新たな意味を生じさせる契機となる。[第4章] ⇔**誇張表現**

皮肉（irony）：否定的な気持ちを表すのにあえて肯定的な言葉を用いること。たとえば、相手に意地悪をされたにもかかわらず、It's *kind* of you to do so.（それはご親切なこと）と皮肉を言うことで自分の否定的な気持ちをより印象づけることができる。皮肉は語の意味と語によって指し示されるものとのずれを生み出し、意味変化のきっかけとなる。[第4章]

フレーム（frame）：ある言語表現が用いられるとき喚起される背景知識。背景知識は個人の経験、科学的知識、文化的な習慣などから構成される。言語使用者はこうした知識を参照しつつ言語表現の意味を推論している。たとえば、He first appeared at Wimbledon in 1985, winning the title.（彼は1985年にウィンブルドンに初登場しタイトルを獲得した）という発話を聞いた場合、Wimbledon（全英オープン・テニス選手権大会の開催地）に関するフレーム（背景知識）が喚起され、「彼がテニスの4大選手権のひとつウィンブルドン大会で初出場初優勝した」と理解することができる。[第4章]

文法化（grammaticalization）：go のように語彙的な意味をもつ内容語が、be going to のような文法的意味をもつ機能語になっていく言語変化。[第5章]

法助動詞（modal auxiliary）：can, may, must などのように話し手の推量・判断などを表す助動詞。[第5章]

ポライトネス（politeness）：たとえば、人の家でトイレに行きたい場合、Where is the toilet?（トイレはどこですか）というと少し不躾になるので、遠回しに Where can I wash my hands?（手を洗いたいのですが）などと言うことがあるが、

話し手の聞き手に対するこうした言語的配慮を指す。意味変化のきっかけのひとつとなる。[第4章]

ポリティカル・コレクトネス (political correctness, PC): 1980年代以降米国を中心にそれまで社会の中で差別されてきた人々に配慮して、そうした人々に対する侮蔑的な表現を改めていく社会運動。deaf のような直接的表現を避けて hearing-impaired (聴力が弱まった→耳が聞こえない) のような婉曲的な PC 表現を用いる場合、語の意味と語が指し示すものとの間にずれが生じその結果意味変化がおこる。[第4章]

〈マ行〉

マラプロピズム (malapropism): experiment (実験) と言おうとして experience (経験) と誤って言ってしまうように、語形の似ている語の間に見られる言い間違い。この用語は、リチャード・ブリンズリー・シェリダンの喜劇『恋がたき』に登場し、始終言葉の言い間違いをするマラプロップ夫人 (Mrs. Malaprop) に由来する。[第4章]

民間語源 (folk etymology): 語形のよく似ている語になぞらえて新たな意味付け (語源解釈) をすること。たとえば、Alzheimer's Disease (アルツハイマー病) を音声上の類似から 'Old Timer's Disease' (老人の病気) と解釈し、そう呼んだりすることがある。[第4章]

名義論 (onomasiology): ある意味・概念を表すのにどのような表現が用いられるかを研究する方法。[第6章] ⇔意味(変化)論

メタファー (metaphor): mouse (ネズミ→コンピュータのマウス) のように、類似性に基づく意味の転用。文学に特有の修辞的技巧と考えられてきたが、実は日常言語に遍在し、私たちが未知のものや抽象的なものを認知する際に重要な役割を

果たす。[第2章]

メトニミー（metonymy）：bathroom（浴室→トイレ）のように、あるものを表すのにそれと近接していたりするなど密接な関係にあるものに置き換えること。メタファーと同様に、メトニミーは単なる修辞技巧ではなく、日常言語に広く見られる。[第3章]

〈ヤ行〉

浴槽効果（bathtub effect）：人は語の中央部よりも語頭と語末をよく記憶している傾向があり、その結果、indefensible（弁護の余地のない）と indispensable（なくてはならない）のように語の始まりや終わりの部分が似ている語を混同し言い間違える傾向がある。ジーン・エイチソンは、人が浴槽につかっているとき頭と足の先が出ていることから、こうした語の記憶や言い間違いに関する傾向を「浴槽効果」と呼んでいる。[第4章]

〈ラ行〉

類似性（similarity）：2つの意味の間にある連想関係のひとつ。「ネズミ」と「コンピュータのマウス」のように、2つの概念の間に何らかの似ている点があること。mouse（ネズミ→コンピュータのマウス）に見られるように、メタファーに基づく意味変化の契機となる。[第1章]

人名・作品名・事項索引

本文で触れている主なものを収録. 一部を除きコラム, 図表で挙げたものは割愛した.

ア 行

アメリカ英語 8, 78, 102, 131, 139, 140, 142, 143, 145, 149, 165
『あんな目はごめんだ』 50
イギリス英語 8, 102, 142, 156, 166
一語一義主義 158-161
意味の一般化 72, 75
意味のエコロジー 139, 165
意味の下落 79, 82-85, 92, 122
意味の向上 91
意味の伝染 102, 103
意味の特殊化 74, 75, 97-99, 136
意味の場 135
意味（変化）論 134
因果関係 61-63, 95
隠喩 20, 21, 25
迂言の do 118-120
『英語語源辞典』 6, 10, 61
エイチソン, ジーン 100
液体メタファー 33-35, 40
婉曲表現 77-82, 85, 86, 89, 90, 140-143, 146, 166
婉曲表現の単調な繰返し 79
『OED 歴史シソーラス』 138, 139
押韻俗語 153
オーウェル, ジョージ 87
オースティン, ジェーン 137, 138
『オックスフォード英語辞典』（OED） 4, 6, 10, 138, 155

カ 行

概念メタファー 26, 27, 159
書き手に責任がある言語 33
過去形 113-115
カスナー, エドワード 69
『ガリヴァー旅行記』 69
含意 94
『カンタベリー物語』 122
換喩 48, 142
擬人法的メタファー 22, 24
機能語 106, 107, 109, 117
擬物化 24, 25
義務的用法 128, 130
強意語 90, 91
共感覚（メタファー） 42-46
近接（性） 17, 18, 46, 59, 61, 82, 163
近代英語 97, 113, 155
『欽定訳聖書』 98, 119, 136
敬意逓減の法則 79
敬称 111, 113
現代英語 15, 44, 66, 74, 97, 98, 107, 109, 110, 116, 119, 122-126, 135, 137, 138, 144, 146, 155, 163, 167, 168
『恋がたき』 100
口語（体） 136, 165, 166
『高慢と偏見』 137
古英語 14, 43, 74, 96-98, 108, 110, 116, 118, 122-125, 135, 138, 139
誇張表現 88-90

193

Corpus of Contemporary American English (COCA) 145, 165, 166
Corpus of Historical American English (COHA) 144-146, 165, 167
語用論的強化 95, 128

サ 行

サミュエルズ,マイケル 138
シェイクスピア,ウィリアム 20, 89, 111, 120, 136-138, 147, 149
JEFLLコーパス 167, 168
シェリダン,リチャード・ブリンズリー 100
ジェンナー,エドワード 70
指示代名詞 109
シソーラス 134
『ジーニアス英和辞典』 2, 3, 5, 6, 8, 107, 162
シネクドキ 59, 82, 86, 164
弱強5歩脚 120
借用語
　ドイツ〜 150
　フランス〜 7, 10, 14, 26, 70, 75, 97, 98, 136, 142
　北欧〜 10, 61, 136
　ラテン〜 11, 14, 26, 40, 70, 74, 98, 103
主観化 128-131, 164, 165
使用域 72
消極的面子 127
初期近代英語 111, 121, 151
初期中英語 125
女性を表す語の意味の下落 82-85
ジョブズ,スティーヴ 83

ジョンソン,サミュエル 119
親称 111, 113
死んだメタファー 21
推論 93-97, 116, 117, 122, 129, 130, 164, 165
スウィフト,ジョナサン 69
ゼロ派生 63, 161
『1984年』 87
『卒業』 80
尊敬の複数 111

タ 行

多義語 2, 4, 10, 13-15, 17, 70, 106, 109, 116, 160, 162, 163
タブー 77, 78, 82, 85, 86, 140
ダブルシンク 87
ダブルスピーク 87, 88
ダブルトーク 88
中英語 7, 10, 97, 110, 111, 118, 124, 135
中間構文 65, 66
チョーサー,ジェフリー 122, 125, 135-138
ディック,フィリップ・K 50
提喩 59
転換 63
同音異義語 13-15, 116, 139
同音異義衝突 139, 140
導管メタファー 27, 30-33, 35, 159

ナ 行

内容語 106, 107, 117
ニクソン,リチャード 53
ニコルズ,マイク 80
ニュースピーク 87
認識様態的用法 128, 129

人称代名詞
　1人称代名詞　109
　2人称代名詞　79, 109-114
　3人称代名詞　109
眠っているメタファー　20, 21

ハ 行

ハインズ, ジョン　33
『ハムレット』　89, 111-113, 120
ハリントン, ジョン　143
控えめな表現　88, 89
B群語彙　87
PC表現　85-87
皮肉　92, 93
百科事典的知識　64
ピンカー, スティーヴン　79
ファイロ, デヴィッド　69
ブッシュ, ジョージ・W　49
ブルワー＝リットン, エドワード
　　49
フレーム　96
『プログレッシブ英和中辞典』　2, 3
文法化　117, 122, 123
ペイジ, ラリー　69
ベーコン, フランシス　27
法助動詞　128, 129, 131, 143
ホフマン, ダスティン　80
ポライトネス　77
ポリティカル・コレクトネス　85

マ 行

『マクベス』　149
マラプロピズム　99, 100
民間語源　101
名義論　134
メタファー　20, 21, 24-26, 28,
　33, 40, 45, 46, 48, 55, 70, 82,
　136, 147-153, 160, 163
メトニミー　46, 48-52, 55-59, 64-
　66, 70, 82, 96, 135, 142, 147,
　153-156, 161, 163
　材料で製品　55
　作者で作品　54, 55, 57, 58
　種で類　58
　生産地で産物　54
　全体で部分　58, 64, 65
　道具で使用者　55
　場所で機関・出来事　53, 54
　場所で人　52, 53
　部分で全体　58, 59, 64, 65
　容器で中身　52, 57
　類で種　58, 82

ヤ 行

ヤン, ジェリー　69
浴槽効果　100
読み手に責任がある言語　33

ラ 行

『リシュリュー』　51
『リーダーズ英和辞典』　2, 3
『リーダーズプラス』　3
類義語辞典　134
類似（性）　17, 18, 22, 45, 82
　位置関係　21, 22, 163
　機能　21, 70
　形状　5, 7, 20-22, 48, 163
　性質　22
レイコフ, ジョージ　26
『ロジェ類義語辞典』　134
『ロミオとジュリエット』　20

語句索引

本文で触れている主なものを収録. 一部を除きコラム, 図表で挙げたものは割愛した.

A
adjust 66
affair 81
African-American 87
after 35, 36
ahead 36
air support 88
ancestor 39
anecdote 99, 100
animal 98
antidote 99, 100
anxious / anxiety 10, 11
approach 39
arm (of the sea) 23, 24
arrowhead 24
arse 139
ascend 39, 41
ass 139
autumn 102
awfully 90

B
baby（動詞用法） 63
bachelor 84
backfisch 150
bag（動詞用法） 63
bathroom 81, 82, 142
be 62
beast 97, 98
before 35, 36
behind 37

be intimate with 80
bird 136, 137, 147, 149, 150
bless 100, 101
bliss 101
blood 101
boot 8-10, 15
boot-camp 9
bootstrap 9
Bordeaux 54
bottle 52
brilliant 29, 30
bug 150
Bush 49
business 71
by 2-4

C
camera 103
can 122-129, 144, 145, 165
can（名詞） 143
casket 78
cat 149
cell 74, 75
cellphone 74
chamber 103
chat 71
chew 27
china 54
chocolate cake 56
Cinderella 18
clear voice 42

197

cloak-room 142
cloud 75
coach 75, 76
cock 140
coffin 78, 82
cold color 43
collateral damage 88
colored 86, 87
comprehend 26
computer 70
contain 31
convenience 142
convey 31, 32
cookie 151
cram 31
crapper 143
creature 58
crimethink 87
cunning 122

D

daily bread 58
damsel 136, 137
dark 30
day 20
deaf 86
debt, debtor 73, 74
deer 97, 98
descend 39
descendant 39, 40
designated hitter 72
digest 26, 27
dike 143
dildo 155
dim 21, 30
distinguisher 99

do
　使役用法　118, 119
　助動詞　117-122
　本動詞　118, 121
dog 149
dog-ear 23
donkey 139
drink 59
dull color 42
dust（動詞用法） 63

E

ear 22, 23
easy 65
eat 119
England 58
enlighten 29, 30
eternity 89, 90
extinguisher 99
extract 31, 32
eye 2-4, 23, 24, 50

F

face 23, 59
fall 102, 103
fan 13, 14
fast 12, 13
feel 28
financial wizard 83
flesh 98, 99
flow (of time) 34, 40
fold out 66
follow 36, 37
food for thought 28
foot (of a mountain) 21, 23
forty thousand brothers 89

語句索引

forward   36, 37
fox   149

G
get   2-4
get hold of   25, 26
Gill   153
girl   135-137, 139
glass   55
glove   55
go against the stream   40
Google   68, 69
googol   69
go to bed with/together   80
grasp (the concept)   21, 25, 26
Graymalkin   149
grimalkin   149
grip   160

H
hammer（動詞用法）   63
hand   2-5, 17, 20-22, 48, 58
have
   受身用法   116, 117
   完了用法   115-117
   使役用法   115-117
   本動詞   115, 116, 122
have got to   167
have to   146, 147, 164-167
head   21-23, 60
hearing-impaired   86
heel   162, 163
heel of Italy   163
hierarchy   74
high res   25
hooks and eyes   23

hopefully   131
horribly   90
hot   43
House of Lords   142

I
in   2-4
interest, interested, interesting   71
iron   55

J
japan   54
jasper   153
Jeff (Davis)   153
Jill   153
jilt   153
Joan   136, 137, 147
jocund   20
john, johny   143
joycamp   87
judy   153

K
kettle   48
Kiki's Delivery Service   84
kind   92

L
lass   136, 137
laugh one's head off   89
lavatory, lav, lavabo, lavy   81, 142
leak   34, 35
lecture hall   52
left-handed   41
lemon   24

199

light   29, 30
lips   23
little   88
lobby   74
loo   81, 142
loud color   42
loud fish smell   44

M
madam   84, 85
maid, maiden   136, 137, 139
mail   71
main   123
make love   80
may   122-129, 144, 145, 165, 166
mean   91
meat   98, 99
might, mighty   123
molly   153
mouse   68
mouth   23, 60
Mozart   16
muff   155
must   122-129, 145-147, 164, 166-168

N
nail（動詞用法）   64
navigate   75
neck   23
need to   146, 166, 167
negro   86
nigger   86
night's candle   20
nose   24

nuclear force   72

O
of   2-4, 106-108
off   108
ought to   167
out   11, 12

P
peanut   24
pen   49
Picasso   54, 55
pineapple   100
pinnacle   100
plastic   161
posterity   40
pour   34, 35
precede   36
pregnant   159, 160
promise   130
propose   103
pupil   14, 15
pussy   149
put   30, 31

Q
quim   155
quite a few   88, 89

R
redcap   58
rest room, restroom   81, 142
rib   155
Richard   153
right   41
roost   140

語句索引

rooster 140
runt 151

S

scale（動詞用法） 63
scupper 151
see 28
seed（動詞用法） 63
seem 64, 65
sell 66
set 2-4
Shakespeare 57
sharp cheese 42
sharp taste 43
shitter 143
should 146, 164-167
shoulder 23
shoulder（動詞用法） 63
shouse 143
silly 92, 93
single woman 84
sir 84
skirt 155
sleep with/together 80, 82
smell 29
smock 155
snail mail 71
Snow White 18
soft melody 43
sour 44
sour smell 42
Spielberg 54
spinster 84
stand tiptoe 20
Starbucks（動詞用法） 161
stock 71

stone 21
stone（動詞用法） 63
studmuffin 152
succeed 163, 164
suit 48, 50, 55, 156
swallow 27
sweet sight / singer / smell / voice 42, 43, 45
swim with the current 40
sword 49

T

take 2, 3
tart 153
taste 27, 29
tea（動詞用法） 64
terribly 90
terrific 91
text 71
thing 2-4
thou, thy, thee 111, 113
throne-room 143
toilet 81, 142
Tom 153
trousers 156
trunk 6-8
twitter 71

U

unmarried woman 84
up 39

V

vaccine 70
valentine 96
very 90

201

violin　　55
virus　　70
vixen　　136, 137, 147

W

walking dictionary　　25
want　　61, 62
wardrobe　　52
war head　　23
warm colors　　42
war nose　　23
water closet, W.C.　　81, 141
Watergate　　53
wear　　95, 96
web　　75
wench　　136, 137, 139
whale（動詞用法）　　63
while　　94, 95
White House　　53
wicked　　91, 92
witch / wizard　　82-84
wizard at math　　83
write　　66

Y

Yahoo　　69
ye　　110, 111, 113
you, your　　109-113

寺澤 盾（てらさわ・じゅん）

1959（昭和34）年東京都生まれ．82年，東京大学文学部英語英米文学科卒業．84年，同大学院人文科学研究科英語英文学修士課程修了．85～89年，ブラウン大学大学院言語学科留学．89年，同 Ph.D. 一橋大学法学部専任講師，東京大学大学院総合文化研究科教授を経て，現在，青山学院大学文学部教授．97～98年，オックスフォード大学にて在外研究，2008年4月より1年間ハーヴァード大学で客員研究員．

著書 *Nominal Compounds in Old English: A Metrical Approach*（Rosenkilde and Bagger, 1994）
『英語の歴史』（中公新書, 2008）
Old English Metre: An Introduction（University of Toronto Press, 2011）
『聖書でたどる英語の歴史』（大修館書店, 2013）

共著『英語の意味』（大修館書店, 1996年）
『英語の軌跡をたどる旅』（放送大学教育振興会, 2013）

英単語の世界	2016年11月25日初版
中公新書 2407	2021年4月5日再版

著　者　寺澤　盾
発行者　松田陽三

本文印刷　三晃印刷
カバー印刷　大熊整美堂
製　本　小泉製本

発行所　中央公論新社
〒100-8152
東京都千代田区大手町 1-7-1
電話　販売 03-5299-1730
　　　編集 03-5299-1830
URL http://www.chuko.co.jp/

定価はカバーに表示してあります．
落丁本・乱丁本はお手数ですが小社販売部宛にお送りください．送料小社負担にてお取り替えいたします．

本書の無断複製（コピー）は著作権法上での例外を除き禁じられています．また，代行業者等に依頼してスキャンやデジタル化することは，たとえ個人や家庭内の利用を目的とする場合でも著作権法違反です．

©2016 Jun TERASAWA
Published by CHUOKORON-SHINSHA, INC.
Printed in Japan　ISBN978-4-12-102407-7 C1282

中公新書刊行のことば

一九六二年一一月

 いまからちょうど五世紀まえ、グーテンベルクが近代印刷術を発明したとき、書物の大量生産は潜在的可能性を獲得し、いまからちょうど一世紀まえ、世界のおもな文明国で義務教育制度が採用されたとき、書物の大量需要の潜在性が形成された。この二つの潜在性がはげしく現実化したのが現代である。

 いまや、書物によって視野を拡大し、変りゆく世界に豊かに対応しようとする強い要求を私たちは抑えることができない。この要求にこたえる義務を、今日の書物は背負っている。だが、その義務は、たんに専門的知識の通俗化をはかることによって果たされるものでもなく、通俗的好奇心にうったえて、いたずらに発行部数の巨大さを誇ることによって果たされるものでもない。現代を真摯に生きようとする読者に、真に知るに価いする知識だけを選びだして提供すること、これが中公新書の最大の目標である。

 私たちは、知識として錯覚しているものによってしばしば動かされ、裏切られる。私たちは、作為によってあたえられた知識のうえに生きることがあまりに多く、ゆるぎない事実を通して思索することがあまりにすくない。中公新書が、その一貫した特色として自らに課すものは、この事実のみの持つ無条件の説得力を発揮させることである。現代にあらたな意味を投げかけるべく待機している過去の歴史的事実もまた、中公新書によって数多く発掘されるであろう。

 中公新書は、現代を自らの眼で見つめようとする、逞しい知的な読者の活力となることを欲している。

心理・精神医学

481	無意識の構造(改版)	河合隼雄
557	対象喪失	小此木啓吾
2061	認知症	池田 学
2521	老いと記憶	増本康平
515	少年期の心	山中康裕
2432	ストレスのはなし	福間 詳
1324	サブリミナル・マインド	下條信輔
2460	脳の意識 機械の意識	渡辺正峰
2603	性格とは何か	小塩真司
2202	言語の社会心理学	岡本真一郎
666	犯罪心理学入門	福島 章
565	死刑囚の記録	加賀乙彦
1169	色彩心理学入門	大山 正
318	知的好奇心	稲垣佳世子/波多野誼余夫
599	無気力の心理学(改版)	波多野誼余夫/稲垣佳世子
907	人はいかに学ぶか	稲垣佳世子/波多野誼余夫
2238	人はなぜ集団になると怠けるのか	釘原直樹
1345	考えることの科学	市川伸一
757	問題解決の心理学	安西祐一郎
2386	悪意の心理学	岡本真一郎
2544	なぜ人は騙されるのか	岡本真一郎

世界史

番号	タイトル	著者
2050	新・現代歴史学の名著	樺山紘一編著
2253	禁欲のヨーロッパ	佐藤彰一
2409	贖罪のヨーロッパ	佐藤彰一
2467	剣と清貧のヨーロッパ	佐藤彰一
2516	宣教のヨーロッパ	佐藤彰一
2567	歴史探究のヨーロッパ	佐藤彰一
1045	物語 イタリアの歴史	藤沢道郎
1771	物語 イタリアの歴史 II	藤沢道郎
2508	貨幣が語る ローマ帝国史	比佐篤
2413	ガリバルディ	藤澤房俊
2595	ビザンツ帝国	中谷功治
2152	物語 近現代ギリシャの歴史	村田奈々子
2440	物語 バルカンの歴史	M・マゾワー／井上廣美訳
1635	物語 スペインの歴史 「ヨーロッパの火薬庫」の歴史	岩根圀和
1750	物語 スペインの歴史 人物篇	岩根圀和
1564	物語 カタルーニャの歴史（増補版）	田澤耕
2582	百年戦争	佐藤猛
1963	物語 フランス革命	安達正勝
2286	マリー・アントワネット	安達正勝
2466	ナポレオン時代	A・ホーン／大久保庸子訳
2529	ナポレオン四代	野村啓介
2318 2319	物語 イギリスの歴史（上下）	君塚直隆
2167	イギリス帝国の歴史	秋田茂
1916	ヴィクトリア女王	君塚直隆
1215	物語 アイルランドの歴史	波多野裕造
1420	物語 ドイツの歴史	阿部謹也
2304	ビスマルク	飯田洋介
2490	ヴィルヘルム2世	竹中亨
2583	鉄道のドイツ史	鴋澤歩
2546	物語 オーストリアの歴史	山之内克子
2434	物語 オランダの歴史	桜田美津夫
2279	物語 ベルギーの歴史	松尾秀哉
1838	物語 チェコの歴史	薩摩秀登
2445	物語 ポーランドの歴史	渡辺克義
1131	物語 北欧の歴史	武田龍夫
2456	物語 フィンランドの歴史	石野裕子
1758	物語 バルト三国の歴史	志摩園子
1655	物語 ウクライナの歴史	黒川祐次
1042	物語 アメリカの歴史	猿谷要
2209	アメリカ黒人の歴史	上杉忍
2623	古代マヤ文明	鈴木真太郎
1437	物語 ラテン・アメリカの歴史	増田義郎
1935	物語 メキシコの歴史	大垣貴志郎
1547	物語 オーストラリアの歴史	竹田いさみ
1644	物語 ナイジェリアの歴史	島田周平
2545	ハワイの歴史と文化	矢口祐人
2561	キリスト教と死	指昭博
2442	海賊の世界史	桃井治郎
518	刑吏の社会史	阿部謹也

現代史

2590 人類と病	詫摩佳代	
2451 トラクターの世界史	藤原辰史	
2368 第一次世界大戦史	飯倉 章	
27 ワイマル共和国	林 健太郎	
478 アドルフ・ヒトラー	村瀬興雄	
2553 ヒトラーの時代	池内 紀	
2272 ヒトラー演説	高田博行	
1943 ホロコースト	芝 健介	
2349 ヒトラーに抵抗した人々	對馬達雄	
2610 ヒトラーの脱走兵	對馬達雄	
2448 闘う文豪とナチス・ドイツ	池内 紀	
2329 ナチスの戦争 1918-1949	R・ベッセル 大山 晶訳	
2313 ニュルンベルク裁判	A・ヴァインケ 板橋拓己訳	
2266 アデナウアー	板橋拓己	
2615 物語 東ドイツの歴史	河合信晴	

2274 スターリン	横手慎二	
530 チャーチル(増補版)	河合秀和	
1959 エリザベス女王	君塚直隆	
2578 フランス現代史	渡邊啓貴	
1415 イタリア現代史	伊藤 武	
2356 バチカン近現代史	松本佐保	
2221 アジア近現代史	岩崎育夫	
2538 東アジアの論理	岡本隆司	
2586 中国ナショナリズム	小野寺史郎	
2437 孫基禎—帝国日本の朝鮮人メダリスト	金 誠	
2600 感染症の中国史	飯島 渉	
2034 韓国現代史	木村 幹	
2262 韓国社会の現在	大西 裕	
2602 先進国・韓国の憂鬱	春木育美	
1763 韓国・北朝鮮 アジア冷戦史	下斗米伸夫	
1876 インドネシア	水本達也	
2596 インドネシア大虐殺	倉沢愛子	

2143 経済大国インドネシア	佐藤百合	
1596 ベトナム戦争	松岡 完	
2330 チェ・ゲバラ	伊高浩昭	
1664/1665 アメリカの20世紀(上下)	有賀夏紀	
2626 フランクリン・ローズヴェルト	佐藤千登勢	
1920 ケネディ―「神話」と実像	土田 宏	
2140 レーガン	村田晃嗣	
2383 ビル・クリントン	西川 賢	
2527 大統領とハリウッド	村田晃嗣	
2479 スポーツ国家アメリカ	鈴木 透	
2540 食の実験場アメリカ	鈴木 透	
2504 アメリカとヨーロッパ	渡邊啓貴	
2415 トルコ現代史	今井宏平	
2163 人種とスポーツ	川島浩平	

言語・文学・エッセイ

中公新書

番号	タイトル	著者
433	日本語の個性（改版）	外山滋比古
533	日本の方言地図	徳川宗賢編
2493	日本語を翻訳するということ	牧野成一
500	漢字百話	白川静
2213	漢字再入門	阿辻哲次
1755	部首のはなし	阿辻哲次
2534	漢字の字形	落合淳思
2430	謎の漢字	笹原宏之
2363	外国語を学ぶための言語学の考え方	黒田龍之助
1880	近くて遠い中国語	阿辻哲次
1833	ラテン語の世界	小林標
1971	英語の歴史	寺澤盾
2407	英単語の世界	寺澤盾
1533	英語達人列伝	斎藤兆史
1701	英語達人塾	斎藤兆史
2086	英語の質問箱	里中哲彦
2165	英文法の魅力	里中哲彦
2231	英文法の楽園	里中哲彦
2628	英文法再入門	澤井康佑
1448	「超」フランス語入門	西永良成
352	日本の名作	小田切進
2556	日本近代文学入門	堀啓子
2427	日本ノンフィクション史	武田徹
2609	現代日本を読む ノンフィクションの名作・問題作	武田徹
563	幼い子の文学	瀬田貞二
2156	源氏物語の結婚	工藤重矩
2585	徒然草	川平敏文
1798	ギリシア神話	西村賀子
2382	シェイクスピア	河合祥一郎
2242	オスカー・ワイルド	宮﨑かすみ
275	マザー・グースの唄	平野敬一
2404	ラテンアメリカ文学入門	寺尾隆吉
1790	批評理論入門	廣野由美子
2637	英語の読み方	北村一真

言語・文学・エッセイ

2592	万葉集の起源	遠藤耕太郎
2608	万葉集講義	上野 誠
1656	詩歌の森へ	芳賀 徹
1729	俳句的生活	長谷川 櫂
1725	百人一首	高橋睦郎
1891	漢詩百首	高橋睦郎
2412	俳句と暮らす	小川軽舟
2524	歌仙はすごい	辻原登・永田和宏・長谷川櫂
824	辞世のことば	中西 進
3	アーロン収容所(改版)	会田雄次
956	ウィーン愛憎	中島義道
1702	ユーモアのレッスン	外山滋比古
2053	老いのかたち	黒井千次
2289	老いの味わい	黒井千次
2548	老いのゆくえ	黒井千次

220 詩経　　　　　白川 静

教育・家庭

番号	書名	著者
1136	0歳児がことばを獲得するとき	正高信男
2429	保育園問題	前田正子
2477	日本の公教育	中澤渉
2218	特別支援教育	柘植雅義
2004/2005	大学の誕生（上下）	天野郁夫
2424	帝国大学——近代日本のエリート育成装置	天野郁夫
1249	大衆教育社会のゆくえ	苅谷剛彦
2006	教育と平等	苅谷剛彦
1704	教養主義の没落	竹内洋
2149	高校紛争 1969-1970	小林哲夫
1065	人間形成の日米比較	恒吉僚子
1578	イギリスのいい子 日本のいい子	佐藤淑子
1984	日本の子どもと自尊心	佐藤淑子
416	ミュンヘンの小学生	子安美知子
2066	いじめとは何か	森田洋司
2549	文部科学省	青木栄一
2635	海外で研究者になる	増田直紀

知的戦略・情報

106	人間関係	加藤秀俊
410	取材学	加藤秀俊
136	発想法（改版）	川喜田二郎
210	続・発想法	川喜田二郎
1159	「超」整理法	野口悠紀雄
1222	続「超」整理法・時間編	野口悠紀雄
1662	「超」文章法	野口悠紀雄
2056	日本語作文術	野内良三
624	理科系の作文技術	木下是雄
1216	理科系のための英文作法	杉原厚吉
2480	理科系の読書術	鎌田浩毅
2109	知的文章とプレゼンテーション	黒木登志夫
807	コミュニケーション技術	篠田義明
2397	会議のマネジメント	加藤文俊
1636	オーラル・ヒストリー	御厨貴
2263	うわさとは何か	松田美佐
1712	ケータイを持ったサル	正高信男

地域・文化・紀行

番号	タイトル	著者
2315	南方熊楠	唐澤太輔
560	文化人類学入門〈増補改訂版〉みなかたくまぐす	祖父江孝男
2367	食の人類史	佐藤洋一郎
92	肉食の思想	鯖田豊之
2129	カラー版 地図と愉しむ東京歴史散歩	竹内正浩
2170	カラー版 地図と愉しむ東京歴史散歩 都心の謎篇	竹内正浩
2227	カラー版 地図と愉しむ東京歴史散歩 地形篇	竹内正浩
2346	カラー版 地図と愉しむ東京歴史散歩 お屋敷すべて篇	竹内正浩
2403	カラー版 地図と愉しむ東京歴史散歩 地下の秘密篇	竹内正浩
2012	カラー版 マチュピチュ 天空の聖殿	高野潤
2327	カラー版 イースター島を行く	野村哲也
2092	カラー版 パタゴニアを行く	野村哲也
2182	カラー版 世界の四大花園を行く	野村哲也
2444	カラー版 最後の辺境	水越武
1869	カラー版 将棋駒の世界	増山雅人

番号	タイトル	著者
2117	物語 食の文化	北岡正三郎
596	茶の世界史〈改版〉	角山栄
1930	ジャガイモの世界史	伊藤章治
2088	チョコレートの世界史	武田尚子
2438	ミルクと日本人	武田尚子
2361	トウガラシの世界史	山本紀夫
2229	真珠の世界史	山田篤美
1095	コーヒーが廻り世界史が廻る	臼井隆一郎
1974	毒と薬の世界史	船山信次
2391	競馬の世界史	本村凌二
650	風景学入門	中村良夫
2344	水中考古学	井上たかひこ